Passions-Verlag

Christiana

Resonanzen

Band 3

Kommt Zeit
Kommt Gott

Passions-Verlag

Bibliografische Information der Deutschen Nationalbibliothek:
Die Deutsche Nationalbibliothek verzeichnet diese Publikation in der Deutschen Nationalbibliografie; detaillierte Daten sind im Internet über <http://dnb.d-nb.de> abrufbar.

Satz, Umschlagdesign und Herstellung: Books on Demand GmbH, Norderstedt

ISBN 978-3-0001-8063-7

Kommt Zeit Kommt Gott

Ich begab mich in meinem fünfzigsten Lebensjahr auf den Weg, herauszufinden, was ich wirklich bin. Dabei gewann ich, nah an den Bibeltexten lernend, eine andere Sichtweise auf die Bibel. Ich legte mein Leben Gott zu Füßen. Ich wurde daraufhin über ein Jahr noch mehr geprüft, als bereits in meinem vorherigen Leben. Der Herr Gott führte mich durch sämtliche inneren Ängste, prüfte mich sehr hart, bis ich den Herrn Gott anflehte, mich zu sich zu nehmen, der Herr Gott mich mit dem Sterben konfrontierte, mir in diesem Moment bewies, wie ich auf Erden mit Liebe noch gebunden an meine Söhne bin und umkehren soll, mein Kreuz auf mich zu nehmen, und erst wenn ich mein Kreuz auf mich genommen habe, werde auch ich Jesus Christus nachfolgen dürfen, wie alle Christen. Ich wurde dann die letzten sechs Wochen lang vollkommen geprüft und danach in wunderbarer Weise von Gott erlöst, aus meinem inneren Gefängnis. Ein weiteres Jahr wurde ich behutsam auf meine Aufgabe eingestellt, bis ich mein erstes Buch ›Resonanzen‹ schreiben durfte. Für Freunde, die Glaubensprobleme aufwarfen, begann ich ganz unverbindlich, wie ich aus meinem menschlichen Verständnis heraus dachte, den Schnupperkurs aufzuschreiben, womit ich die Suchenden auf den Weg meiner Gedanken bringen wollte. Im Weiteren führte der Herr mich immer mehr in ›Kommt Zeit Kommt Gott‹ ein und schenkte mir neue Einsichten. Ich möchte diese innere Pilgerschaft beschreiben und als Grundlage für mich wegweisende, frei ausgewählte, ins heutige Deutsch übertragene Textstellen aus den Büchern der Propheten zitieren, so nah wie möglich am Wort.
Sein Wille geschehe an mir.
Amen.

Inhalt

Gott schuf seine Welt

»Ich habe die Gesetze gemacht, damit es Sünde gibt und ich euch vergeben kann.«

Pilgerschaft kann bedeuten, dass der Mensch lange und intensive Wege bis an die Grenzen der körperlichen Belastbarkeit geht und auf diesem Weg die Nähe zu Gott anstrebt.
In der modernen Welt gehen wir die meiste Zeit unseres Lebens unserem Broterwerb nach, sodass die äußeren Wege über ein normales Leben führen, das uns bis an die körperlichen und emotionalen Grenzen beansprucht. Den emotionalen Wandel auf einem zurückgelegten Lebensweg bezeichnen wir auch als innere Pilgerschaft, wenn er denn auf die Suche nach dem Selbst und auf das Ziel Gott ausgerichtet ist.
So wird denn der Glaubensgrundsatz »Liebe deinen Nächsten wie dich selbst« erst erfüllbar, wenn wir das Selbst gesucht und erkannt haben, uns unserer eigenen Bedeutung bewusst werden und somit unseren Nächsten wie unser bewusst erkanntes Selbst annehmen können.
Das Selbst suchen und finden besetzt somit eine Schlüsselrolle in der Weltsicht eines gläubigen Menschen. Ich möchte die für mich aufgetanen Zusammenhänge der Heiligen Schrift anhand meiner eigenen Lesart schildern.

Dabei bilden für mich folgende Grundsätze eine Schlüsselposition:
Gott allein ist heilig.
Gott hat seine Welt, die Schöpfung geschaffen.
Alles, was in der Welt ist, ist von Gott. – (Gott ist alles, was in der Welt ist, in ausgewogener Balance.)
Gott ist Liebe. Die Liebe ist Träger der Schöpfung. Sie bildet sozusagen den Zusammenhalt der Schöpfung, sie spendet die Wärme und fügt zusammen, was zusammengehört.
Es gibt nur den einen Gott. Dabei steht zu unserem Verständnis die väterliche Seite, Gott-Vater, für Erziehung, Führung, Verständnis, Vergebung und die mütterliche Seite, Gott-Mutter, für Wärme, Nähe, Trost, Vergebung. Niemand, außer dem Schöpfer selbst, ist rein und kann alle Gesetze, Gebote und Satzungen halten.

Unabhängig davon, welche Gesetze gebrochen werden, kann sich kein Mensch rühmen, mehr einzuhalten als ein anderer.

»Haltet die Gesetze ein«, würde aufgrund der Definitionen heißen, dass damit die Gesetze (*natürlichen Grundsätze*) selbst sowie die Satzungen *(von Gott eingerichtete Gesetze)* und Gebote *(Gottes vom höchsten Thron öffentlich verkündete Befehle)* gemeint sind. Verkündigung beträfe somit die Gebote.

Zu »Haltet die Gesetze ein« habe ich von Christen die unterschiedlichsten Auslegungen vernommen, aber ich denke, Gott will, dass wir die Gesamtheit der Gesetze, Satzungen und Gebote befolgen.

Vergebung der Menschen untereinander ermöglicht dem einzigen Gott, die menschlichen Wesen zu richten. Richten. Recht herstellen kann heißen aufrichten oder gerichtet werden. Dabei hat niemand ein Erbteil an der Schöpfung, sondern alle sind wir auf die Gnade des Herrn angewiesen.

Der Einzige, der die Gesetze nach seinem Willen aufheben oder ändern kann, ist Gott, der Herr.

Er richtet nach seinem eigenen Recht, nicht nach den Gesetzen, die für uns Menschen gemacht sind.

1 Die Zehn Gebote

Im ersten Teil möchte ich mich mit den Zehn Geboten und den für mich gedanklich dahinterstehenden Sinnzusammenhängen auseinandersetzen.

Gesetze
Gott züchtigt und richtet allein seine Schöpfung.

Die Zehn Gebote
2. Buch Mose Kapitel 20, Vers 1–26 (2. Mos 20,1–26)

Ich bin der Herr, dein Gott ...
Du sollst keine anderen Götter außer mir haben! ... ich, der Herr, bin ein eifersüchtiger Gott ... Ich prüfe und strafe die Schuld und ich schenke meine Gnade denen, die mich lieben und meine Gebote halten ...

Du sollst den Namen des Herrn nicht ohne Sinn und Verstand aussprechen.

Du sollst kein Abbild anfertigen von dem, was ich dir offenbare ...

Wenn du Stein mit einem Meißel bearbeitest, dann hast du ihn entweiht ...

Der siebente Tag ist ein Ruhetag für den Herrn, deinen Gott. *(Wenn du zur Ruhe kommst, kann der Herr Zwiesprache mit dir aufnehmen und dich lehren.)*

Du sollst Vater und Mutter ehren ... *(Du sollst gegenüber deinen irdischen Eltern Schuld vergeben, damit ich richten kann und damit ich auch dir vergeben kann.)*

(3. Mos 20,9) ... jeder, der seinen Vater und seine Mutter schmäht, *(verächtlich behandelt, beschimpft, lästert)* soll des Todes sterben.
(Ehre deinen Schöpfer-Gott ... *damit du im Reich deines Herrn ewig leben darfst!)*

Du sollst nicht töten. *(Du sollst einem menschlichen Wesen weder die Seele noch seinen Körper zerstören. Du sollst vergeben, weil der Herr seine Kinder selbst erziehen und richten will.)*

Du sollst nicht Ehe brechen. *(Hier sind alle weiteren Kriterien für Ehebruch gleichwertig anzusehen, brechen ist brechen und es gibt nicht weniger oder mehr brechen.)*
(Mat 5,32) … wer eine Entlassene *(Geschiedene)* heiratet, bricht die Ehe … *(Die zweite Ehe und folgende sind keine Ehen im Sinne der Erstehe, auch wenn der Herr uns weitere Partner an die Seite gibt, dass wir nicht zusätzlich sündigen und mit denen er uns in gleicher Weise erzieht.) …* (Mat 19,5/6) … und die zwei werden ein Fleisch sein. So sind sie also nicht mehr zwei, sondern ein Fleisch. *(Hier wird die Ehe als fleischliche Verbindung beschrieben, mehr nicht. Die Seele als Leihgut von Gott bleibt selbstständig in jedem Menschen erhalten als sein Ich, das nicht in der Ehe dem anderen Partner zu eigen gemacht werden kann, sondern vor Gott weiter als ein eigenes Individuum besteht, das für sich vor Gott bestehen muss. Das heißt, nur wer innerlich frei ist, kann sich auf den Weg begeben und Gottes Weisungen folgen. Die Ehe darf einem Menschen nicht die Freiheit nehmen, sich zu entwickeln, was heißt, ein Partner darf den anderen mit seiner Liebe oder seinem Wollen nicht einsperren, einschüchtern oder bedrücken) …* (Mat 19,6) Was Gott verbunden hat, soll der Mensch nicht trennen *(weil Gott verbindet und trennt nach seinem Plan, um uns zu erziehen) …* (Mat 5,28) Ein jeder, der eine Frau anblickt mit begehrlichem Herzen, hat schon die Ehe gebrochen … (1. Kor 7,5) Entzieht euch einander nicht … *(daraus folgt, wenn einer seinen Partner nicht mehr als Partner auf gleicher Augenhöhe behandelt, entzieht er sich geistig, oder wenn einer sich der Liebe entzieht/den anderen Partner abweist/sich selbst befriedigt/onaniert, entzieht er sich fleischlich dem heiligen Bund der Ehe und hat somit die Ehe schon gebrochen) …* (Eph 5,25) Männer, liebt eure Frauen, wie auch Christus die Kirche liebte und sich hingab für sie … (Joh 8,7) Wer von euch ohne Sünde ist, werfe als Erster einen Stein … *(Wenn ein Mann eine Frau, einen anderen Menschen einsperrt, einschüchtert, bedrückt oder mit Liebe unfrei macht und dadurch die Freiheit nimmt, sodass Gott den Menschen nicht entwickeln kann, bricht er die Ehe … das Gleiche gilt, wenn eine Frau einen Mann einsperrt.)*

Du sollst nicht haben wollen, was dir nicht zusteht.

Du sollst nicht stehlen … *(Einem anderen nicht wegnehmen oder entfremden, was dir nicht zusteht, nicht seine Habe, nicht sein Leben, seine Familie. Was dir zusteht, setzt allein Gott fest und schenkt es dir.)*

Du sollst gegen deinen Nächsten kein falsches Zeugnis abgeben … *(Du sollst zur Wahrheit stehen und nicht lügen … bedenke, dass der Herr alles sieht und auch dich richtet.)*

Fürchtet euch nicht, denn um euch zu prüfen, ist Gott gekommen. Ihr sollt Gott fürchten, damit ihr nicht sündigt … (*Nicht um der Furcht willen, sondern dass ihr dem Herrn folgt … Du sollst den Herrn, deinen Gott, an erster Stelle lieb haben, dich ihm ergeben / dein Innerstes offenlegen und dich prüfen lassen … Mit Liebe zu Gott, die Versuchung überwinden.)*

An jedem Ort, wo du meinen Namen ehrst, werde ich zu dir kommen und dich segnen.

(2. Mos 21,3)
Ist er allein gekommen, so soll er auch allein fortgehen dürfen …

(2. Mos 23,1–25)
Du sollst einem, der im Unrecht ist, nicht hilfreich zur Hand gehen …
Du sollst dich nicht der Mehrheit anschließen zum Bösen …
Siehe, ich sende einen Engel vor dir her, dass er dich auf dem Wege behüte und dich bringe an den Ort, den ich bestimmt habe. Nimm dich vor ihm in Acht und höre auf seine Einflüsterung, widerstrebe ihm nicht, denn er würde ein Vergehen von euch nicht ertragen, weil mein Name in ihm ist …
Wenn ihr aber dem Herrn, eurem Gott dient, so segnet er dein Brot und dein Wasser. Ich werde Krankheit von dir fernhalten …
Auch werde ich veranlassen, dass alle deine Feinde vor dir die Flucht ergreifen …
Du sollst mit ihnen und mit ihren Gottheiten keinen Bund schließen.
Sie sollen nicht in deinem Lande wohnen bleiben, sonst verleiten sie dich dazu, wider mich zu sündigen, indem du ihren Göttern dienst …

(2. Mos 24,9–18)
… sie durften Gott schauen … Die Herrlichkeit des Herrn …

(2. Mos 40,12–15)
Priesterweihe … Alsdann lass Aaron und seine Söhne … salben, damit sie mir als Priester dienen … Ihre Salbung soll ihnen das Recht verleihen, immerwährend Priesterdienst zu tun, von Geschlecht zu Geschlecht.

(3. Mos 5,1–5)
Vier besondere Vergehen
Wenn jemand sündigt dadurch, dass er Verfluchung hört … Zeuge sein könnte … oder es sonst in Erfahrung gebracht hat, macht aber keine Anzeige, sodass er schuldig wird.
Wenn jemand etwas Unreines berührt … und es entgeht ihm zunächst, sodass er unrein und schuldig wird …
Wenn jemand mit der Unreinheit eines anderen Menschen in Berührung kommt …
Wenn jemand schwört, in unbedachter Rede, etwas Böses oder Gutes zu tun, wie man eben unbesonnen schwören kann, ohne daran zu denken, bemerkt es aber danach, sodass er sich mit Derartigem schuldig macht …
Wenn also jemand durch etwas Derartiges in Schuld gerät, soll er vor Gott bekennen, wessen er sich schuldig gemacht …

(3. Mos 5,20–24)
Wenn jemand sich vergeht und sich einer Veruntreuung gegen den Herrn schuldig macht, indem er gegenüber seinem Nächsten etwas Anvertrautes, Hinterlegtes oder Geraubtes ableugnet oder seinen Nächsten erpresst oder bestreitet, dass er etwas Verlorenes gefunden oder einen Meineid geschworen hat, wegen irgendeiner Handlung, deretwegen sich ein Mann vergehen kann, wer so gesündigt hat und schuldig ist, gebe zurück das Geraubte … das Erpresste, das er erzwungen, das Verwahrte, das man ihm anvertraut, das Verlorene, das er gefunden, alles zurück, worum er den Meineid geschworen hat.

2 Reinheits- und Essensvorschriften

Im zweiten Teil möchte ich meine gewonnenen Ansichten zu Reinheits- und Essensvorschriften äußern.

(3. Mos 7,23–26)
Fett und Blutgenuss … ihr dürft keinerlei Fett von Rindern, Schafen und Ziegen essen. Das Fett von verendeten und zerrissenen Tieren … dürft ihr nicht essen … In all euren Wohnstätten dürft ihr keinerlei Blut genießen … (3. Mos 17,11–14) Denn das Leben des Leibes ist im Blut … das Blut nämlich erwirkt durch die Seele, die in ihm lebt, Sühne … lasse das Blut auslaufen …

(3. Mos 8,16 u. 9,24)
Innereien und Fett verbrennen als Brandopfer …

(3. Mos 8,1,9,13) Heilige Zeremonien
Moses ließ Aaron mit seinen Söhnen herantreten und wusch sie mit Wasser … Auf das Haupt setzte er ihm (Aaron) den Turban … und band ihnen (Aarons Söhnen) gewundene Kopftrachten um, wie der Herr Moses befohlen hatte …

(3. Mos 10,9–11)
Weingenuss … Wein und Rauschtrank dürft ihr … nicht trinken, wenn ihr in das Offenbarungszelt *(heutzutage Altarraum in der Kirche)* geht, sonst müsst ihr sterben, dies gelte als Gesetz für ewig in all euren Geschlechtern *(Familien … Alle Menschen sind von dem Vater Abraham gezeugt, von dem Vater Gott in diese Welt gesetzt, dem Gesetz des Herrn unterstellt).*
Ihr müsst unterscheiden zwischen dem Heiligen und dem Alltäglichen, dem Unreinen und dem Reinen, damit ihr, die Söhne Israels (Röm 8,15 Geist der Sohnschaft) … *(daraus folgend sind alle Menschen im weiteren Sinne Söhne und Töchter Israels)* unterweisen könnt in allen Satzungen *(eingerichtete Gesetze)*, die der Herr ihnen durch Mose verkündet hat.

(3. Mos 11,1–47)
Der Herr sprach … verkündet … Dies ist das Gesetz … über alle Lebewesen … die sich auf Erden regen, damit man zwischen dem Unreinen und dem

Reinen unterscheide und zwischen den essbaren Tieren und denen, die nicht gegessen werden dürfen …

Macht euch nicht selbst zum Gräuel durch irgendeines von diesem Kleingetier, das sich regt, und verunreinigt euch nicht durch sie, sodass ihr dadurch unrein werdet.
Denn ich bin der Herr, euer Gott: Zeigt euch als heilig und seid heilig, weil ich heilig bin!

Wasser: … Wasseransammlungen, wie Quellen und Zisternen, bleiben rein, wenn ein Aas hineinfällt, wer aber ein Aas darin berührt, wird unrein …

Brot: … esst nicht den Sauerteig der Heiden …

Speisen und Getränke: … alles, in das ein totes Tier hineinfällt, einschließlich darin enthaltene Speise oder Getränk, wird unrein und ihr dürft den Inhalt nicht verzehren.

Gebrauchsgegenstände, Gefäße, Kleidung:
Alles, worauf ein totes Kleingetier fällt, wird unrein …

- Jedes Holzgefäß, Gewand, Leder, Tuch, alle Geräte, die dem Gebrauch dienen, sie sollen ins Wasser getaucht werden, bleiben unrein bis zum Abend und werden dann wieder rein …
- Irdenes Gefäß, in das ein totes Tier hineinfällt, wird unrein und ihr dürft den Inhalt nicht verzehren und müsst das Gefäß zerbrechen …
- Backofen und Kochherd, auf den ein totes Tier fällt, wird unrein und muss zerschlagen werden …

Sämereien: Wenn aber eine der unreinen Leichen auf irgendeine Sämerei fällt, die ausgesät wird, so bleibt diese rein. Wenn aber zuvor Wasser auf den Samen gebracht wurde und es fällt dann irgendein Aas darauf, so ist er für euch unrein …

Dies sind die Tiere, die ihr essen dürft:

- Alles, was unter den auf dem Land lebenden Vierfüßlern gespaltene Klauen hat, und zwar völlig durchgespaltene Klauen, und wiederkaut … (außer

Kamel, Klippdachs, Hase, Schwein) dürft ihr essen …

- Von allem, was im Wasser lebt, dürft ihr essen, was Flossen und Schuppen hat …

- Von den geflügelten Kleintieren, die auf allen vieren gehen, dürft ihr essen die Wanderheuschrecke, die Solam-, Hargol- und die Hagabheuschrecke …

Dies sind unreine Tiere, die ihr ***nicht*** *essen dürft und deren Aas ihr nicht berühren dürft:*

- Von den Vierfüßlern mit gespaltenen Klauen … Kamel, Klippdachs, Hase, Schwein … dürft ihr nicht essen …

- Doch alles von allem Gewimmel und allen Lebewesen des Wassers, was in Meeren und Flüssen keine Flossen und Schuppen hat, gelte euch als Gräuel … von ihrem Fleisch dürft ihr nicht essen und ihr Aas müsst ihr verabscheuen …

- Von den Vögeln Adler, Lammgeier, Schwarzgeier, roter Milan, Weihe, Rabe, Strauß, Eule, Möwe, Falke, Käuzchen, Dohle, Aasgeier, Storch, Reiher, Wiedehopf, Fledermaus darf man nicht essen …

- Alle geflügelten Kleintiere, die auf allen vieren gehen, sollen euch ein Gräuel sein... (außer der Wanderheuschrecke, der Solam-, Hargol- und der Hagabheuschrecke).

- Alles Kleingetier, das auf Erden sich regt, ist ein Gräuel, es darf nicht gegessen werden …

- Alles, was auf dem Bauch kriecht, und alles, was auf vieren geht, bis zu allen Mehrfüßlern unter dem Kleingetier, das auf der Erde sich regt, dürft ihr nicht essen …

- Unrein ist Aas einschließlich alles, worauf eines von ihnen, wenn es tot ist, fällt …

- Wenn eines von den Tieren, die euch als Nahrung dienen, stirbt, so wird derjenige, der das Aas berührt, vorübergehend unrein … er muss seine Kleider waschen und bleibt unrein bis zum Abend …

- Aas von unreinem Großgetier, das gespaltene, aber nicht völlig durchgespaltene Klauen hat und nicht wiederkäut, gilt als unrein … verunreinigt euch nicht durch sie, sodass ihr dadurch dauerhaft unrein werdet …

- Aas aller unreinen vierfüßigen Lebewesen, die auf Tatzen gehen, gilt als unrein … verunreinigt euch nicht durch sie, sodass ihr dadurch dauerhaft unrein werdet …

- Aas von allem unreinen Kleingetier, das sich auf Erden regt, soll euch als unrein gelten, die da sind Wiesel, Springmaus, alle Eidechsenarten, Gecko, Koach- und Letaa-Eidechse, Salamander und Chamäleon … verunreinigt euch nicht durch sie, sodass ihr dadurch dauerhaft unrein werdet …

(3. Mos 12,1–5)
Reinheitsgesetz für Wöchnerinnen … am achten Tag ist des Knaben Vorhaut zu beschneiden *(Gesetz des jüdischen Glaubens)* … Nach der Geburt eines Knaben darf die Wöchnerin 33 und nach der Geburt eines Mädchens 66 Tage lang nichts Heiliges berühren und nicht ins Heiligtum *(Kirche)* kommen. *(Daraus folgen die frühesten Tauftermine. Unsere heutige Wöchnerinnenzeit beträgt generell 6 Wochen und Gott veranlasste auch dieses Gesetz.)*

(3. Mos Kap 13 –14)
Reinheitsgesetz bei Aussatz an Haut, Gegenständen und Häusern … Verhaltensmaßregeln …

(3. Mos 15,1–18)
Reinheitsgesetz … männliche Unreinheit … Verhalten …
Ausfluss:
Wenn jemand einen Ausfluss aus seinem Gliede hat oder wenn einer sein Lager berührt, so ist er unrein …
Wer den Leib eines Schleimflüssigen berührt oder von Schleim berührt wird …

Beischlaf:
Hat ein Mann Samenerguss, so bade er seinen ganzen Leib, er ist unrein bis zum Abend …
Liegt ein Mann bei einer Frau und erfolgt Samenerguss, so müssen sie sich in Wasser baden, sie sind unrein bis zum Abend …

Reinheitsgesetz … weibliche Unreinheit … Verhalten …
Blutfluss:
Wird eine Frau blutflüssig … so bleibt sie bei der monatlichen Blutung sieben Tage lang, ansonsten für die ganze Zeit der Blutung in ihrer Unreinheit, jeder, der sie anrührt oder etwas berührt, das sie berührt hat, wird unrein bis zum Abend …
Wenn ein Mann ihr beiwohnt und es kommt ihre Unreinheit auch an ihn, dann wird er sieben Tage lang unrein …

(Gott sollte uns wert sein, dass wir bemüht sind, seine Reinheitsgesetze einzuhalten, um dem Herrn unsere Liebe zu erweisen.
Die Reinheitsgesetze – genau genommen müssten die Kirchen leer sein.
Mit diesem Gesetz wird offenbar dem Ausdruck verliehen, dass wir nicht würdig sind, uns Gott zu nahen.
So darf nach dem Reinheitsgesetz auch ein Christ in der Nacht vor dem Betreten der Kirche keinen Samenerguss haben oder Beischlaf ausüben, eine Frau nicht in Blutung stehen und der Mann sie in der Zeit nicht berührt haben …
So sollten wir auch einen Jungen nicht vor dem 42. Tag und ein Mädchen nicht vor dem 67. Tag taufen lassen, weil die Wöchnerin erst dann die Kirche betreten darf.)

(3. Mos 16,29–31)
Karfreitag … sollt ihr fasten und keinerlei Geschäft verrichten, weder Einheimische noch Fremdlinge, die sich bei euch aufhalten. Denn an diesem Tag schafft Gott für euch Sühne, um euch zu reinigen; von all euren Sünden werdet ihr rein vor dem Herrn. Ein Tag völliger Ruhe soll es sein und ihr sollt fasten, das ist eine immerwährende Satzung *(Gesetz).*

(3. Mos 18,6–18)
Forderung Gottes … unter Verwandten *(Blutschande)*
Niemand darf irgendeinem Blutsverwandten sich nahen, um Verkehr zu pflegen …

Mit deinen Eltern darfst du nicht geschlechtlich verkehren …
Du darfst keinen Geschlechtsverkehr haben …
mit der Frau deines Vaters …
mit deiner Schwester, der Tochter deines Vaters oder der Tochter deiner Mutter …
mit der Tochter deines Sohnes oder der Tochter deiner Tochter …
mit der Tochter der Frau deines Vaters, die dein Vater gezeugt hat …
mit der Schwester deines Vaters … deiner Mutter …
mit der Frau des Bruders deines Vaters *(Tante)* …
mit deiner Schwiegertochter …
mit der Frau deines Bruders …
Du darfst nicht mit einer *(deiner)* Frau und auch mit ihrer *(angeheirateten)* Tochter Umgang pflegen, *(angeheiratete Enkelkinder)* die Tochter ihres Sohnes oder die Tochter ihrer Tochter darfst du nicht nehmen, um mit ihnen zu verkehren …
Du darfst nicht eine Frau zu ihrer Schwester als Nebenfrau hinzunehmen, um mit ihr zu verkehren, nicht solange die Schwester lebt.

(3. Mos 18,19–30)
Keuschheitsvorschriften
Einer Frau darfst du in der Zeit ihrer Unreinheit nicht nahen, um mit ihr zu verkehren.
Mit der Frau deines Nächsten *(Nachbarn usw. über die Blutschande hinaus)* darfst du keinen Beischlaf vollziehen, du würdest dich sonst verunreinigen.
Keines von deinen Kindern gib hin, um es für einen Verbrecher durchs Feuer gehen zu lassen, damit du nicht den Namen deines Gottes entheiligst; ich bin der Herr! (3. Mos 20,5) Tilge den Verbrecher samt allen, die mit ihm buhlerisch dem Bösen nachlaufen … (3. Mos 19,29) Du sollst deine Tochter *(Kinder)* nicht entweihen, indem du sie zur Dirne machst …
Du darfst einem Manne nicht beiwohnen, wie man einer Frau beiwohnt *(sinngemäß auch für Frauen zutreffend)*, das wäre ein Gräuel *(Abscheu, Widerwille)* …
Einem Tiere darfst du nicht beiwohnen …
Durch all dies macht euch nicht unrein, denn dadurch haben sich die Heidenvölker verunreinigt …
Das Land wurde unrein und ich suchte seine Schuld an ihm heim …
(3. Mos 19,1–37)

Heiligung
... Heilig müsst ihr sein, weil ich, der Herr, euer Gott, heilig bin! ...
... haltet keine Nachlese nach der Ernte ... überlasse sie den Armen ...
... liebe deinen Nächsten wie dich selbst ...
... Lasse nicht zweierlei Arten ... Vieh sich begatten ...
... säe dein Feld nicht mit zweierlei Samen an ... *(Züchtungen verstoßen somit gegen das Heiligkeitsgebot).*
... Kleidung, die aus zweierlei Fäden gewebt ist, soll nicht auf deinen Leib kommen *(textile Mischgewebe verstoßen gegen das Heiligkeitsgebot).*
... Wendet euch nicht an die Toten- und Wahrsagegeister. Befragt sie nicht, sonst werdet ihr durch sie unrein ... (3. Mos 20,6) Wendet sich aber jemand an Toten- und Wahrsagegeister, um ihnen buhlerisch nachzulaufen, will ich wider einen solchen mein Antlitz wenden und ihn aus seinem Volk ausrotten! *(im Gegensatz dazu – ich sage dir, was sein wird, damit, wenn es eintrifft, du weißt, dass ich es war).*
... Du sollst dich vor deinem Gott fürchten ... *(damit du seine Gesetze nicht übertrittst).*

3 Innere Pilgerschaft

Im dritten Teil beschäftigt mich die innere Pilgerschaft.

Der Ausspruch »liebe deinen Nächsten wie dich selbst« (3. Mos 19,18) scheint der Schlüssel zum Öffnen der Tür. »... wie dich selbst« setzt voraus, dass man sich selbst kennenlernt, sich lieben und annehmen lernt mit seinen Gegebenheiten und erst nach der Erkenntnis des Selbst seinen Nächsten lieben und annehmen kann, wobei dann die Frage zu klären bleibt, wer dem Menschen in Wahrheit der Nächste ist.
Ich war lange Zeit nicht mit meiner inneren und äußeren Beengtheit in Frieden. Andere hatten bessere Schulnoten, sahen nach unseren Maßstäben besser aus, genossen mehr Wohlstand, besaßen ein Auto, führten eine nach außen hin glücklicher wirkende Ehe. Ich achtete meine Gaben, die Gott für mich, für dieses Leben bemessen hatte, nicht. Ich war in all meinem Kummer und all der seelischen Not nicht in der Lage zu begreifen, dass ich genau das Leben bekommen hatte, das Gott mir zugedacht. Ich liebte jeden Nächsten mehr als mich, was zu erschreckenden Verwerfungen in meinen Partnerschaften führte. Ich lebte den Teil »liebe deinen Nächsten« und erkannte nicht mich selbst und wer wahrhaft mein Nächster ist.
Erkennen, Gedanke für Gedanke in sein Inneres hören und Einflüsterung zulassen. Die Grundvoraussetzung bestand im Finden der inneren Ruhe. All das Durcheinander aus Familie, Arbeit, Fernsehen, was auf mich eindrang, in der Stille setzen lassen und begreifen, was ich ganz allein auf dieser Welt, unabhängig von allem anderen, darstelle. Sein, ohne Ablenkung, allein Stille aushalten. Mich mit mir selbst beschäftigen, mit dem Innen. Schlechte Erlebnisse und Gedanken kommen lassen, noch einmal aushalten, ausleben, neu einordnen und dann verarbeitet sauber ablegen. Kein Vergessen als Allheilmittel, sondern alles zulassen. Die Welt, wie sie ist, sehen können und annehmen, nicht das Bild, das ich allein mir geschaffen habe, von all den Dingen, die mich umgeben, das Böse zulassen. Was ist böse, wo wohnt »es«, das wir alle verdrängen und dem Fremden, dem Anderen zugestehen, aber nicht uns selbst.
Gott ist Wahrheit. Mit dem Leitspruch »Die schlimmste Wahrheit ist besser als die Lüge« um das seelische Überleben kämpfen. Und nach all dem Kampf um mich, meine erkennbaren Einzelteile, meine Gaben und Gefühle zu einem lebenswerten aufrichtigen Leben finden. Gott, diesem Überherrn, ins Antlitz

sehen. Er sieht in mein Antlitz. Ich sehe in sein wunderbares Licht, das eigenartigerweise nicht blendet, obwohl es heller ist als alles Strahlen auf der Erde. Diesem Herrn, der über allem steht, als kleiner Mensch Rede und Antwort stehen mit jedem meiner Gedanken, meinen inneren Bildern, meinen Träumen. Und ich sage: »Gott, ich hatte schon so viel Strafe, das zieht bei mir nicht mehr. Ich habe alles ausprobiert, ich kann nicht mehr alleine weiter. Du kennst mich. Du weißt, ich folge dir nur in Liebe. Ich weiß, dass du alles kannst, aber ich will keine Angst vor dir haben. Schenke mir bitte Liebe, Wärme und Geborgenheit. Nimm mich in den Himmel.« Und Gott sagt: »Ich lasse dich umbringen durch die Hand eines Menschen.« Der kleine Mensch, der ich bin, versucht alle Bindungen auf der Erde loszulassen und doch, da sind noch zwei Menschen, mit denen ich in Liebe verbunden bin, meine Kinder. Ich muss lernen, so leicht kann ich nicht loslassen. Und Gott sagt: »Du hast noch nicht die Frucht gebracht, die ich in dich gesetzt habe.«

Auf den Weg begeben kann ab einem bestimmten Punkt im Leben heißen, mein Leben als Lehrzeit anzunehmen. Aus der Bibel mit neuen Augen lernen. Gleichwohl Mensch die Worte der Bibel gelesen und verstanden geglaubt, kann Gott mich an die Hand nehmen, mich lehren, wie Bibel für mich lebendig wird. Wie ich den lebendigen Gott in den Worten, die ich schon mehrfach las, jetzt anders wahrnehme. Die in mir entfachte Liebe zum Herrn ändert meine Sicht und Bereitschaft, die Lehre der Wahrheit aufzunehmen. Die Freiheit eines Seins, den Weg zurück zu Gott zu finden und seinen Willen in mir geschehen zu lassen. Kein Muss, ich darf aus freiem Willen Gehorsam üben. Üben im wahrsten Sinne des Wortes, denn Gott überlässt mir, wie weit ich folgen will. Ich habe mich entschieden, dass es mein Wille ist, seinen Willen in mir geschehen zu lassen. Ich habe die Freiheit, zu allen Zeiten meinem eigenen Willen zu folgen. Gott ist Liebe.

Nach allen angelebten Eigenheiten fällt mir Mensch schwer, das Recht, die nicht durch mein Wunschdenken entstandene Wahrheit, sondern die reine Wahrheit frei von Subjektivität erkennen zu können. Gut und Böse auseinanderzuhalten, wo doch in allem beides zu wohnen scheint. Die Bibel lehrt in wunderbarer Weise und stellt das Recht auf die Füße. Hier konnte ich erstmals lernen, frei von dem Wollen meines Lehrers, nur in der Liebe des Herrn, der Himmel und Erde gemacht hat, mit Freude meinem Willen folgend, nun endlich den richtigen Weg suchen zu dürfen. Bis hierher hat mich Gott gebracht.

Obwohl ich mich dem Erkennen des Bösen im Menschen verweigerte, trug mich der liebe Gott bis hierher relativ unbeschadet durch mein Leben. Hier setzt Gott mich ab. Leben lernen muss ich ohne die Hand des Vaters, aber mit der Gewissheit, er ist immer in mir da.

(Sprüche 8,12–36)
Bei mir ist Rat … Furcht des Herrn bedeutet Hass des Bösen, Hoffart, Hochmut; bösen Lebenswandel und verkehrte Reden hasse ich. *(Ich darf das Böse hassen, also muss ich lernen zu sehen, wie wir Menschen das Böse mit Untertönen, Worten, Lebensarten, Süchten, Aggression, Zwang und Gewalt, aufnehmen, weitertragen und wieder auf andere Menschen übertragen.)*
Bei mir ist Rat und viel Erfolg, ich bin die Einsicht, mein ist Kraft … *(lernt Mensch leider erst schätzen, wenn Gott von mir als Mensch Liebe entgegengebracht ist).*
Ich liebe alle, die mich lieb haben, und die mich suchen, finden mich … *(Lebensaufgabe, aber dann wunderbar).*
Nun denn, ihr Söhne *(im Geist der Sohnschaft auch Töchter)*, hört auf mich und selig, wer auf meine Wege achtet. Vernehmt die Zucht *(meine Erziehung an euch),* damit ihr weise werdet, und lehnet meine Mahnung nimmer ab.
Ja, selig jeder Mensch, der hört auf mich, um Tag für Tag vor meiner Tür zu wachen *(auf Gott zu warten und jedes seiner Worte aufzunehmen)* und um zu hüten meiner Tore Pfosten *(die Schöpfung zu bewahren).*
(Ein Geheimnis bestand für mich bisher darin, dass ich etwas nicht weitersagen sollte. Nun wurde zu einem oft atemberaubenden Geheimnis, was Gott mit mir vorhat, wie er mich führt, ohne dass ich weiß, was im nächsten Moment geschieht. Ein spannendes, liebevolles Leben. Leider bin ich ein Pharisäer, denn ich habe im Gegensatz zu Jesus ein Dach über dem Kopf und weiß noch, wo ich zur Nacht mein Haupt niederlege. Und doch bin ich froh über mein Bett, so trage ich doch nicht das volle Kreuz Christi, wofür ich Gott dankbar bin.)
Denn wer mich findet, findet Leben und erntet Wohlgefallen *(Gnade)* von dem Herrn. *(Der Lebensweg unverdient ist Gabe von Gott, es kann sich kein Mensch rühmen, Gott aus sich heraus gefunden zu haben.)*
Wer aber mich verfehlt *(mich nicht erreicht, weil er nicht ernsthaft bemüht ist, mich zu lieben und nach meinen Gesetzen zu leben),* betrügt sich selbst, ein jeder, der mich hasst, der liebt den Tod. *(Gott ist die Liebe, wer die Liebe hasst, wendet sich dem Bösen zu.)*
(Sprüche 9,1–18)

… Tadle den Weisen, so wird er dich lieben! *(Der Weise ist bemüht, sich zu entwickeln.)*
Anfang der Weisheit ist Furcht des Herrn und Erkenntnis, die Einsicht in die Führung Gottes … *(Die Weisheit allein sagt noch nichts aus, denn sie kann den Menschen auch zu Hochmut verführen.)*
Denn durch sie *(Furcht des Herrn und Einsicht)* werden viele deine Tage und zahlreich die Jahre deines Lebens … *(da wir von Ewigkeit zu Ewigkeit leben, könnte diese Verheißung auch die Ewigkeit betreffen).*
Die Torheit *(Dummheit)* fiebert nach Verführung *(vom rechten Wege abzuweichen)* und kümmert sich um keine Scham. Sie *(die Torheit)* sitzt am Eingang ihres Hauses … um anzurufen, die den rechten Weg ziehen … *(anpöbeln einsichtiger Mitmenschen, um sie vom geraden, rechtschaffenden Weg abzulenken, einschließlich Abhalten vom Glauben sowie Abhalten von Erkenntnissuche im Leben oder durch Gesetze/Bibel lesen).*
Wasser, das gestohlen ist, schmeckt süß und heimlich angeeignet Brot schmeckt gut! Und nicht bedenkt man, dass dort Totengeister sind …*(was man sich nimmt, ohne dass es einem von Gott zusteht, oder erschleicht durch List und Tücke, das führt zum Bösen).*

(Sprüche 10,1–32)
Ein weises Kind macht Gott Freude, ein törichtes Kummer … *(erstaunlich bleibt die Frage der Kindschaft, dass z. B. Gott-Vater führt, erzieht und straft)* … Unrecht Gut ist kein Gewinn … *(vor Gott, denn er sieht alles)* … Gerechte lässt der Herr nicht Hunger leiden, jedoch die Gierigen weist er ab … Segen kommt auf des Gerechten Haupt, doch Unheil vollbringt der Frevler *(ein absichtlich Böses Begehender)* Mund … Wer weisen Herzens ist, nimmt die Gebote an … Wer schuldlos wandelt, wandelt sicher, wer krumme Wege geht, der wird ertappt …
Hass erregt nur Streitigkeiten, doch alle Fehler deckt die Liebe zu … eine Rute ziemt dem Rücken eines Toren *(Mensch, der nicht begreifen will, dass Gottes Wille in ihm geschehen muss)* … des Toren Mund ist nahes Unheil … des Reichen Habe ist ihm eine feste Stadt *(geschützte Unterkunft)* …
In die Irre geht, wer Mahnungen verschmäht …
Wer Hass verborgen hält, hat lügnerische Lippen … *(weil er nicht sein ganzes Selbst lebt und sich dadurch Gott in gewisser Weise entzieht).*
Das Herz der Frevler ist nur wenig wert … Schandtat üben macht dem Toren *(dem, der sich Gott entziehen will)* Freude …

Was der Frevler fürchtet, kommt über ihn, und was Gerechte wünschen, wird erfüllt … Wenn der Sturm daherbraust *(wenn Gefahr droht)*, verschwindet der Frevler …
Ein Schutzwall ist der Herr dem schuldlos Wandelnden, ein Schrecken aber für die Übeltäter … *(Menschen sind auf der Erde zur Züchtigung, so gesehen wandelt keiner schuldlos.)*
Ausgetilgt wird falsche Zunge … *(Wer bleibt dann übrig?)*

4 Auferstehung, eingehen in die Ewigkeit

Kein wahrer Glaube ohne den Glauben an das Leben nach dem Tod. Die Existenz des Herrn des Alls, Gottes, des einzigen Herrn, besteht entsprechend der Glaubensphilosophie immer, von Ewigkeit zu Ewigkeit.

Wenn in uns der Versucher nicht zulässt, dass wir das Wesen des Herrn des Alls in Form wahren Glaubens, also der uneingeschränkten Liebe meines Ichs zu Gott meinem Schöpfer, dessen Anteil mein Selbst ist, dann nehmen wir die Existenz unseres Wesens nach dem Körpertod nicht wahr, was heißt, dass wir keinen wahren Glauben führen, denn der Körper stirbt. Was wir spätestens seit Jesus Christus wissen müssen, ist, das Wesen lebt weiter in Ewigkeit. Zurechtgelegter Glaube eines menschlichen Wesens ohne den Glauben, dass wir in Gott sind, also in Gott ewig sind, würde die logische Folge nach sich ziehen, dass wir nicht Wesen in Gott sind. Ohne den Glauben an das Weiterleben nach dem Sterben des Körpers wären wir Menschen dem Tode ausgeliefert.

So ist also gemäß unserer gemeinsamen Glaubensphilosophie kein wahrer Glaube ohne den Glauben an das Leben des Wesens nach dem Sterben des Fleischkörpers.

Ich habe meinen Glauben. Eigentlich darf kein Mensch diesen Satz benutzen, um sich herauszureden. Wir haben eine gemeinsame Glaubenslehre, die unserer christlichen Philosophie angestammt ist, und diese christliche Glaubenslehre kann nicht durch persönlichen Ungehorsam als eigene Art zu glauben, gerechtfertigt werden. Eine gemeinsame Glaubenslehre bezeugt einen gemeinsamen Glauben. Diese Glaubenslehre basiert auf Jesus Christus, der ein jüdischer Prophet war und die Christenheit heute, nach seiner Auferstehung im Himmel, führt. Dass Wesen im Himmel im Auftrage Gottes Aufgaben übernehmen könnten, steht nicht für den Glauben auf Erden zur Disposition. Wir müssen streng betrachten, was Jesus zu Lebzeiten gemäß den heutigen Evangelien in der Bibel aus dieser Situation als Prophet auf Erden den menschlichen Wesen überbringen musste. Wir dürfen Jesus Christus nicht an Gottes Stelle, des Allmächtigen Schöpfers, des Alleinigen Gottes, in unserem Sinn einsetzen, denn damit sündigen wir gegen Gottes Allmacht. Jesus war ein Wesen Gottes mit einem gewissen Auftrag im Fleisch. Er war und ist, denn sein Wesen lebt in Gott in Ewigkeit. Gleichwohl die Stellung Jesus als Überbringer der christlichen Lehre all unseren Vorstellungen überlegen scheint, so ist er doch Sohn Gottes, niemals aber Gott selbst. Christus, der Erlöser, scheint somit Gott selbst. Also bedeutet, wir sind in Christi Leib, wir sind im Leib Gottes.

Mit dem Wiedereintritt des Wesens Jesus Christus aus dem Fleisch in die Ewigkeit geht Jesus, das Wesen des Sohnes, in Gottes Selbst auf. So lehrte uns denn Gott, durch Jesus Christus, wie wir zu beten hätten. Betet zu meinem Vater, denn er ist Herr über alles. Gott ist der Herr über alles, über Gut und über den Versucher als Antagonisten zur Vollendung der Schöpfung, zum endgültigen Sieg des Guten über die Versuchung der Wesen des Leibes Gottes, dem eigenen Willen zu folgen.

So ist wahrer Glaube, wahre Liebe, wahre vollkommene Hingabe unseres Ichs an den Schöpfer Gott.

Der rechte Weg ist mit der Glaubenslehre unseres Glaubens für uns menschliche Wesen in unserer Kultur, in unserem Lebensraum vorgegeben und diese Glaubenslehre schließt den Glauben an ein Leben nach dem Tode ein, bezieht sich also auf eine Existenz des Wesens in Ewigkeit. Entsprechend unserer Glaubensphilosophie wäre der Nichtglaube an das Leben der Wesen in Ewigkeit gleichzusetzen mit einem Gott, in dem wir sind, der nicht von Ewigkeit zu Ewigkeit regiert. Auf die Spitze getrieben, hieße die Nichtanerkennung des ewigen Lebens die Existenz Gottes auflösen. So ist denn kein wahrer Glaube ohne den Glauben an das Leben nach dem Tod.

Wenn Gott, was für mich außer Frage steht, nicht der Alleinige Schöpfer und einzige Herr Gott wäre, dann dürften wir, seine Kleinstwesen, nicht so uneingeschränkt unseren Einfällen nachgehen und über seine Mächtigkeit sinnen. Nur die Existenz Gottes als Erlöser und wahrer Schöpfer, als einziger Herr Gott ermöglicht seinen Kleinstwesen, den zuteilgewordenen Anteil des Geistes im Wesen fast uneingeschränkt zu nutzen. Bis auf den Heiligen Geist dürfte ein menschliches Wesen alles überdenken. Da ich aber als Wesen im Fleisch mir bewusst bin, dass Gott mich auch jederzeit vernichten könnte und das mir zuteilgewordene Wesen wieder an sich nehmen könnte, ohne dass es eine Existenz gäbe, die wir ich nennen, kann ich mir nicht für mich vorstellen, dass ich den Geist, der mir Heil schenkt, der mich Entwicklung lehrt, Bewusstwerdung lehrt, in irgendeiner Form beleidigen oder anfragen würde.

So ist kein wahrer Glaube ohne den Glauben an das Leben nach dem Tode, denn der Schöpfer, der allheilige Gott regiert in Ewigkeit.

5 Bekehrung und Umkehr

Gott kommt in uns, prüft uns in der geistigen Wüste, bringt das Saatkorn zum Aufgehen, schneidet uns, analog dem Weinstock, vor dem Fruchtansatz zurück und bringt in unserer Seele die Frucht zur Reife.

(Jer 24,7)
Ich schenke ihnen ein Herz, mich zu erkennen, nämlich, dass ich der Herr bin. Dann werden sie mein Volk sein und ich werde ihr Gott sein; denn sie werden sich von ganzem Herzen zu mir bekehren.

Sich bekehren, heißt sich zu einer anderen Meinung, zu einer anderen Religion wenden. Nun kann hier nicht irgendeine andere Religion gemeint sein, denn diese Bekehrung, die Gott in unser Herz schenkt, muss uns zu Gott führen auf der guten, der rechten Seite.
Umkehr heißt, den Weg zurück eingehen. Ich bin von Geburt evangelisch, wie Luther die Christen lehren durfte. Moses war der Lehrer für die Juden, Jesus Christus war ein Lehrer für die Juden. So folge ich denn als Christ vom Neuen über das Alte Testament inhaltlich der Lehre des jüdischen Glaubens, von Jesus Christus zurück bis Moses, in die rechte Richtung des einzigen Gottes.
Ich habe mich lange mit der Frage beschäftigt: Was ist ein Christ? Ich hatte ein Gefühl für Gott den Schöpfer. Zu Jesus Christus aber, einem Mensch gewordenen Sohn Gottes, fehlte mir der Zugang, bis ich Jesus als Lichtbild sah. Inzwischen habe ich verstanden, dass jeder Mensch Sohn Gottes, durch die Seele und den Heiligen Geist, der in uns wohnt, ist. Im Geiste der Sohnschaft also hier auf Erden auch Tochter, denn im Himmel sind wir alle offenbar der Engel und frei vom menschlichen Geschlecht. Wenn alles in Gottes Schöpfung eine Bewandtnis hat, so auch die Schöpfung einer Frau auf Erden, die zum einen ihrem irdischen Mann und zum anderen dem Schöpfer untertan ist. Somit bleibt anzunehmen, dass Frau sein auf Erden ein doppeltes Strafmaß zur Ursache hatte, bevor wir mit der Erbsünde aus der Ewigkeit hierher geboren wurden. Mit dem Eintritt in dieses Erdenleben stehen wir mit dem, was Gott in uns schöpfte, in seiner Gnade. Bei der Rückkehr in die Ewigkeit dürfte uns Vergebung erwarten. So komme ich denn zu dem Schluss, ein Christ ist ein freier Mensch, der Gott allein in Liebe folgt, wie Jesus Christus gefolgt ist. Ein

Mensch, der das Kreuz auf sich nimmt, in der Liebe zu Gott sich überwindet, Erkenntnis anzunehmen und Verständnis zu erlangen für Gottes Plan, über alles menschliche Grauen hinweg in Liebe zu erkennen sucht, was Gott von ihm will. Wenn wir Menschen bemüht sind, Gott zu suchen in unserem Herzen, kann es sein, Gott kommt in uns, prüft uns in der geistigen Wüste, bringt das Saatkorn zum Aufgehen, schneidet uns analog dem Weinstock vor dem Fruchtansatz zurück und bringt in unserer Seele die Frucht zur Reife. Ich empfinde den inneren Rückschnitt als eine innere Beschneidung. Die Liebe zu Gott und was ich an Liebe von Gott geschenkt bekomme, überwiegt den Verlust der zurückgeschnittenen Triebe, auch wenn ich manches von dem alten Menschen, der ich zuvor war, vermisse, so ist es doch kein Vergleich zu dem, was der Herr, mein Gott, mich wachsen lässt auf anderen Gebieten, die mir in meinem früheren Leben unerreichbar schienen. Ich hätte noch vor drei Jahren nicht gewagt, überhaupt an so etwas zu denken, was der Herr jetzt in seiner Liebe und unendlichen Güte entwickelt. Ich hatte nie zuvor so ein spannendes Leben wie heute, wo Gott die Führung ist. Es ist nur schade, dass selbst Christen für den Weg mit dem lebendigen Gott kaum Verständnis aufbringen, obwohl das Lehrbuch Bibel doch ausgiebig Informationen liefert für den rechten Weg. Der lebendige Gott, der über die Seele und den Heiligen Geist in uns wohnt, immer präsent ist, nie schläft, uns am Morgen weckt, durch den Tag führt und uns am Abend sanft zur Ruhe legt, dieser wird nicht zugelassen. Gott ist so nah, wir müssen nicht einmal nach ihm fassen, vorausgesetzt der Mensch ist reif, Wahrheit zu lieben, Bekehrung und Umkehr auf sich zu nehmen. Die Liebe der Wahrheit, dessen, was wirklich ist, über das, was Mensch sehen und anfassen kann hinaus, unter den Menschen, wo ein gewisses Maß an Lüge salonfähig gemacht wird, fällt schwer und vertreibt alle Menschen, die Gott nicht mehr lieben als sich selbst. Übrig bleiben Freundschaften, für die der Herr Gott gleiches Gewicht im Leben hat, sogenannte wahre Freundschaften. Und was das Wunderbare an diesem Leben ist, Gott schickt uns rechte Menschen mit auf den Weg. Es muss aber darauf verwiesen werden, dieser Weg muss innerlich im Alleingang angestrebt werden. Den Weg durch alle Ängste, die im Menschen wohnen, durch das finstere Tal, findet ein Mensch nur, wenn dieser Gott mehr liebt, als Mensch Angst vor der Versuchung hat.

6 Zu welcher Glaubenslehre gehöre ich

Kehre zurück zum Glauben deiner Väter, erst einmal der irdischen Väter, Großväter, Urgroßväter und dann nach der Umkehr Bekehrung zum Vater Gott. Ich selbst wuchs im Glauben meiner Mutter auf.
Als Christ, der schon über das Sehen vom Gesicht Jesus Christus hörte, verwundert es mich sehr, dass ein Moslem erzählte, sie sehen Mohammed. Aber er beschrieb einen schönen Mann, so wie auch Jesus Christus beschrieben wird.
Ich selbst durfte in ein wunderbares, helles Licht sehen, das nicht blendete, und sollte wissen, es ist Gott. Später sah ich Jesus in einem ikonenhaften Licht. Und in jüngster Zeit durfte ich in das helle Licht sehen.
Ich bin überzeugt, jeder Mensch sieht, was dem Menschen zugemessen. Jedem einzelnen Menschen öffnet sich die Kenntnis, die ihm zugemessen.
Demut für Erkenntnis. Gottes ist das Reich, die Kraft und die Herrlichkeit. Gott hat alle Intelligenz und wir Wesen bekommen von Gott, was dem Menschen zugemessen.
In der Bibel steht „Leute glauben, Menschen lieben Gott“. Ich glaube, dass Gott allein mein Schöpfer, Herr und Heiland, mein Erlöser ist. Ich liebe Gott. In der Glaubenslehre des Neuen Testamentes lehrt mich Gott, Jesus Christus in der Treue und Liebe zum einzigen Gott nachzufolgen. Die Querverweise im Neuen Testament auf das Alte Testament lehren mich, das Neue Testament stellt keine eigene Glaubenslehre dar, sondern führt die Glaubenslehre des Alten Testamentes fort. Die Kernaussage des Neuen Testamentes »Gott ist Liebe« reformiert die Welt. Das Gesetz unserer Väter hat zum Fundament Mose, den Lehrer, der nur den einen Fehler beging, einmal zu seinen Worten nicht zu erwähnen, dass sie von Gott kamen.
Umkehr. Wenn ich diesen Glaubensweg über die christliche zur jüdischen Glaubenslehre auf dem rechten Wege gehen will, stoße ich auf die Kernaussagen der Glaubenslehre. „Du sollst Gott lieben mit allem, was du bist.“ Sein Wille geschehe, also in dir, was heißt, du musst Gott, dem Herrn, bedingungslos gehorchen.

Du musst Gottes Führung in Hingabe annehmen. Für mich bedeutet diese Liebe zu dem einzigen Gott die Findung aller Wesen im Leib Gottes. Was das bedeutet, soll jeder Mensch für sich herausfinden.
Und der Friede Gottes, der höher ist als alle Vernunft, bewahre unsere Herzen und Sinne in Ewigkeit. Amen.

7 Der Gott, der die Welt schuf

Es gibt viele vergleichbare Stellen in den Bibeltexten. Ich führe hier als Beispiel (Apostel 17,24–29) an: ... Der Gott, der die Welt schuf und alles, was darin ist, er, der Herr des Himmels und der Erde ... da er selbst es ist, der allem Leben und Odem gibt und alles andere ... er hat Zeiten und Grenzen bestimmt ... Sie sollen Gott suchen, ob sie ihn etwa spüren und finden könnten, ihn, der doch nicht fern ist einem jeden von uns. Denn in ihm leben wir, bewegen wir uns und sind wir ... Sind wir nun von Gottes Geschlecht ...

Das Denkmodell Urknall geht von einem Körper aus, in dem in höchst konzentrierter Form alle Materie enthalten ist. Dieser Körper kommt zum Urknall, breitet sich aus und bildet das All mit allem, was darin enthalten. Wäre nun Gott dieser Körper und der Urknall die Schöpfung, so würde sich daraus ergeben, dass Gott in allen Dingen enthalten, dass Gott alles wäre, was es gibt, dass alles, was es gibt, in der Umkehrfunktion Gott wäre. So würde sich auch erklären, dass der Heilige Geist gesondert in die Wesen eingefüllt werden muss. Nehmen wir an, neben der materiellen Schöpfung existiert der Heilige Geist. Wenn jedes Wesen Heiligen Geist enthält, so müssten wir davon ausgehen, dass Gott von seinem Geist etwas in jedes Wesen gibt. Also wäre zumindest ein Teil des Heiligen Geistes Gottes in den Einzelwesen. Also müssten wir davon ausgehen, dass Gott über den Heiligen Geist in uns Menschen jederzeit mit dem sogenannten Band des Lebens Zugriff hätte, ja wir müssen glauben, dass Gott seinen Heiligen Geist in uns weiterhin besitzt, wir also keine wahrhaftige Eigenständigkeit besitzen, sondern in allem Sein Gott, dem Vater, zu Ruhm, Ehre und Dank verpflichtet sind.
Ausgehend davon, dass ein Mensch selbst aus Ich und Über-Ich besteht, so könnten wir annehmen, dass der sogenannte Schutzengel zum Beispiel unser Über-Ich bildet. Nehmen wir an, das Über-Ich führt unser Ich durch dieses Leben. Nehmen wir an, der Schutzengel bildet das Band des Lebens und unser Ich wäre Seele. Das könnte heißen, dass das, was wir als Selbst bezeichnen, ein Teil von Gott ist. Daraus könnte sich ergeben, dass ein Wesen hier auf Erden gleich einer Marionette geführt würde.
Dann würde ich mich fragen, warum muss ich als Wesen auf Erden in einem Fleischkörper geboren werden und vom ersten Tag meiner Geburt an älter werden, bis mein Körper eines Tages vergeht und ich als Wesen diesen ster-

benden Körper verlassen darf. Wenn das Wesen ähnlich einer uns bekannten Energie anzusehen wäre, so würde es nicht aus dem Nichts entstehen und nicht verloren gehen. Dann wäre Schöpfung ein ewig währender unbekannter Vorgang.
Ist Gott der Schöpfer, dann ist er alles und in allem, in jeder Zelle Leben. Soweit ich Laie verstanden habe, dehnt sich das Weltall zurzeit aus. Das könnte heißen, es zieht sich eines Tages wieder zusammen zu dem ursprünglichen Körper in höchst konzentrierter Form. Danach könnte ein neuer Urknall folgen.
Wozu?, könnten wir uns fragen. Gehen wir davon aus, dass der Heilige Geist eine sogenannte »Intelligenz« unbeschreiblichen Ausmaßes wäre. Gehen wir davon aus, dass Gott an seiner Schöpfung lernt und den Heiligen Geist vervollkommnet und jedes Wesen seines Leibes in gewisser Weise eine uns unbekannte Aufgabe hat im Lernprozess Gottes.
Heilig müsst ihr sein, weil ich, der Herr, euer Gott, heilig bin. Wir Wesen sind in Gott, sind in ihm. So haben die menschlichen Kinder Gottes das Wesen als Anteil von Gott mit dem Schöpfungsakt erhalten. Er, der Herr Gott, hält uns. Wir menschlichen Kinder in Gott leben, weil Gott, der alleinige Schöpfer, es so will, nach seinem Willen. So ist denn das Wesen heilig, weil das Wesen Anteil an Gott, dem Herrn, der Schöpfung ist. Dafür gebührt keinem Wesen im Leib Christi, des Erlösers, Ruhm. Ruhm gehört allein dem Schöpfer für seine heilige Schöpfung, für Gottes heiliges Werk. Mit dem Begriff „heilig“ müssen wir menschlichen Wesen höchst sparsam und hochachtungsvoll umgehen, weil dieses Wort auch die Bedeutung Zauber in sich birgt. Untereinander haben alle menschlichen Wesen gleichen Anteil am Leib Christi durch den Heiligen Geist, der jedem Menschen innewohnt.
Wir Menschen bezeichnen den Geist als Intelligenz, was aber so nicht recht ist, denn das Maß des Geistes, das ein Wesen im Fleisch nutzen kann, entspricht dem Ratschluss, bevor uns Gott auf diese Erde gab. In Ewigkeit hat jedes Wesen gleichen Anteil, Gott liebt alle seine Geschöpfe gleichermaßen.

8 Sekte, abweichender Glaube

Gott schuf seine Welt.
Die Sekte, abgesonderte Glaubensgemeinschaft. Sektion, Abschnitt. Sektor, Ausschnitt.
Eine Sekte betrachtet nicht die Gesamtheit der Glaubenslehre, sondern greift einen Abschnitt der Gesamtlehre heraus und erhebt diesen zum alles umfassenden Gesamten.
Abgesondert ist jeder Glaube, der den Herrn Gott nicht als Glaubensmittelpunkt annimmt. So wären denn auch diejenigen Anhänger des Christentums eine abgesonderte Glaubensgemeinschaft, welche Gott nicht an erster Stelle anbeten, nicht an erster Stelle an den einzigen Gott glauben und Gott nicht an erster Stelle lieben.
Wenn wir denn den einzigen Gott mehr lieben als unser eigenes, von Gott gegebenes Leben, seinen Willen in Wahrheit an uns geschehen lassen, mehr noch in uns geschehen lassen und den Weg durch alle irdischen Ängste, das sogenannte finstere Tal, auf uns nehmen, dann bekehrt uns der allheilige Gott zu einem Leben nach seinem Willen. Umkehr, nicht in eine abgesonderte Glaubensgemeinschaft, sondern in den Mittelpunkt des irdischen Glaubens, die Jüdische Lehre. Mose, mit seinen von Gott gesendeten reinen Glaubensgesetzen und weiterführend, kann Umkehr in der mit Jesus Christus eingeleiteten Endzeit nur heißen, dass wir uns direkt Gott, dem einen Herrn, in Wahrheit und Liebe zuwenden. Aufrichtig und treu sagen wir mit heutigem Deutsch: Gott Untertan sein. Dem einen Gott zurückerstatten, was dieser in uns, in jeden einzelnen Menschen, in jedes Wesen gesät, bevor Gott uns auf diese Erde gesendet. Wir stehen in der Pflicht, dem einen Gott, unserem gemeinsamen Ursprung, auf dem rechten Weg, in Gehorsam, zu folgen. Tun wir das aus Widerspenstigkeit und Eigensinn nicht, so suchen wir unser eigenes Leben in einer abgesonderten Glaubensgemeinschaft, so gesehen in Ungehorsam gegen Gott.

Es gibt sieben Weltreligionen und als achtes die Versuchung, wobei der Versucher sich nicht scheut, auch alle Anhänger der sieben Weltreligionen für sich gewinnen zu wollen. Der Antagonismus Versuchung dient so gesehen der Entwicklung der Menschen, denn ihm obliegt die Prüfung der Wesen. Ohne Antagonismus lägen wir alle im Paradies auf der faulen Haut und hätten keine Veranlassung uns zu entwickeln. Schöpfung ist Entwicklung, also auch Prüfung des Entwicklungsstandes. Gott will geprüfte Menschen vor seinem Himmelstor. Einlass erhält nur, wer sich ganz nur diesem einen Gott gibt, denn Gott gibt sich ganz, gibt alles, was der Schöpfer ist, in seine Schöpfung, ist seine Schöpfung. Also kann Gott, der einzige Herr, von seinen Wesen, seiner Schöpfung erwarten, dass auch wir Menschen uns ganz ihm hingeben. Hingabe, alles Gott geben, nichts für uns behalten wollen, keine Hintertüren, keine Falschheit, keine Befriedigung des menschlichen Selbst. Ganz will uns Gott, alles, was wir in ihm sind.

Also geben wir uns nicht selbst ernannten Herren auf Erden hin, liefern uns keinen Menschen aus, weichen wir nicht vor dem Bösen zurück. Also dienen wir Gott mit unserem Sein nach dem jeweiligen Maß. Jeder Mensch darf individuell sein, Feste feiern, Glück verspüren, in Liebe zu Gott leben. Der Herr, unser Gott, hat freie Menschen in diese Welt geboren und in diese freien Menschen freie Wesen gepflanzt, dass allein Gottes Saat in den Menschen aufgehe. Jede Pflanze muss sich gegen Konkurrenzpflanzen durchsetzen. Der Mensch muss kämpfen für sein Seelenheil. Dass niemand die von Gott geliehene Seele befleckt, niemand den von Gott geschenkten Körper unrein macht. „Der Mensch schleift den Menschen“, gegenseitige Erziehung von Sündern aus dem Himmel, hier am Ort der Züchtigung. Also geben wir uns nicht selbst ernannten Herren auf Erden hin, liefern uns keinen Menschen aus, weichen wir nicht vor dem Bösen zurück, damit wir am Ende Gott schauen. Und selbst wenn wir, die im Himmel gesündigt haben und hier unser Maß zur Wiedererlangung des Eintritts in den Himmel ableben, auf Erden in erneute Sünde fallen, so hat Gott uns in der Heiligen Schrift prophezeit, dass die verlorenen Söhne Israels, wir Menschenkinder, wieder angenommen werden vom Vater, wenn wir auf Erden dem einzigen Gott unsere Schuld eingestehen. Gleich einem Gefangenen, der nach seinem Urteil die Zeit der Schuld ableistet, werden wir Menschen am Ende des irdischen Lebens unsere Schuld abgeleistet haben, wenn wir uns Gottes Willen unterwerfen. Bekehrung der Sinneseinstellung, Umkehr in Gehorsam zu dem einen Gott. Egal, wie gut wir hier scheinen. Egal, was wir tun. Gott gab jedem ein Maß mit auf den Weg und dieses Maß müssen wir jeder für sich erleben, jeder für sich muss sich entwickeln, abwickeln, was Gott als Leben aufgegeben. Dieses Maß kann sein, als guter oder sogenannt schlechter Mensch zu leben. Wegen des Bösen liebt der Mensch sein Leben nicht. Das Böse ist laut, das Böse ist emotionale und körperliche

Gewalt. Das Böse hält uns von dem höchsteigenen Weg zu Gott ab. Das Böse ist Zwang, Gruppenzwang, List, Mobbing, Verkehr ohne Liebe als höchstes Gebot. Alles, was mich davon abhält, in Freiheit Gottes Wille anzunehmen, ist von Versuchung durchdrungen.

Gottes Zehn Gebote weisen den Weg, Gut und Böse zu unterscheiden. Liebe deinen Nächsten, Gott, den Herrn, in dir, mehr als alles andere der Welt, dann kann dich nichts und niemand davon abhalten, als verlorener Sohn, im Geiste der Sohnschaft ebenso Tochter, von Gott erneut angenommen zu werden. Untertan sei der Mensch nur Gott. Aber der Mensch diene nach seinem Maß auf Erden in Gehorsam, der nicht die Grundfeste der Liebe von Gott zu uns Kindern berühren darf. Das Dienen auf Erden ist Training für das Wiedererlangen der Fähigkeit, Gott zu dienen. Solange Gott, der einzige Herr, Mittelpunkt des eigenen Lebens, Denkens, Fühlens ist, weicht der Glaube nicht von Gott ab. Natürlich kann ein Mensch sich nur um Gott bemühen, vergleichbar dem Bemühen um die Liebe und Fürsorge der irdischen Eltern, was nicht immer einfach ist und auch gelegentlich sehr große Vergebung beinhaltet. Alles auf unserer Erde dient dem Wiedererlangen der Fähigkeit, Gott allein erneut Folge leisten zu wollen. Gott schenkt sich den Wesen, die ihn mit allem, was sie sind, begehren. Wir können uns nur um den Glauben bemühen, indem wir wie Hiob in aller Not an Gott festhalten, der Versuchung, so gut wir eben können, widerstehen und unser Sein ausrichten auf Gottes Wille. Aber was Gott, der einzige Herr, von jedem Einzelwesen erwartet, sagt er auch nur diesem einen Wesen. So ist denn der Wille Gottes individuell erlebbar. Jeder ist über das Band des Lebens, den Geist in uns, mit Gott vernetzt. Gott weiß alles. Kein Verstecken ist möglich, keine Untat wird übersehen. Einzig die Gnade des Herrn Gott nimmt den Wesen der Schöpfung die Last der Schuld aus einem Sein von Ewigkeit zu Ewigkeit, also immer fortwährend, gleich in welchem Seinszustand. Amen.

9 Ist das Christentum eine Philosophie

In Anbetracht der sieben Weltreligionen mit jeweils einer Glaubenslehre, die jede für sich auf einem besonderen Lebensweg zum Weltherrscher Gott zurückführen muss, können wir davon ausgehen, dass auch die christliche Lehre eine Art Philosophie darstellt.
Wenn die sieben Weltreligionen alle zu dem guten Gott führen sollen, wovon ich als Mensch ausgehen würde, dann eröffnet uns Gott viele Wege auf der Basis des Gesetzes, das Gott in die Welt gesetzt hat, in etwa entsprechend den Zehn Geboten als Denkmodell. Dann wäre auch eine, dementsprechend dem Guten zugewandte, Gesellschaftsordnung geeignet, die Menschen auf der Basis des Gesetzes, das Gott in die Welt gesetzt hat, in etwa entsprechend den Zehn Geboten, zu dem guten Gott zu führen, denn auch hier findet in den Menschen eine Entwicklung zum Guten statt, die mit der inneren Pilgerschaft vergleichbar scheint.
Ich scheute mich anfangs, im Denken so weitläufig vorzugehen, aber der Herr Gott lehrt mich, jeder Gedanke ist in irgendeiner Form wichtig für den nächsten darauf aufbauenden Gedanken.
Entwicklung ist ein Weg voller Gedankenvorgänge, die unser Denken vorwärtstreiben, so weit, wie der Herr Gott es einem jeden Wesen erlaubt, weitläufig vorwärts in Richtung Entwicklung im Sinne der Pilgerschaft zu denken.
Der Herr Gott ist kein Idealist, denn für die Entwicklung der Schöpfung nutzt er Gut und Böse als Antagonismen. Die Schöpfung würde sich nicht vorwärtsentwickeln, wäre auf Erden schon das Paradies. Die zwei Gegenspieler rufen durch die gegenseitige Auseinandersetzung Entwicklung hervor. So fördert der Konflikt zwischen Gut und Böse im Wesen einen Entwicklungsvorgang unter Aufsicht Gottes zum Wohle der Schöpfung.
Alles dürfen Wesen denken, aber nicht Gott mit seinem Heiligen Geist in Frage stellen.
Ich würde dieses als Lehrraum, keinesfalls aber als Spielraum sehen wollen. Gott ist kein Idealist, sonst hätte Gott ein Paradies geschaffen, was hieße, es gäbe darin keinerlei Entwicklung. So schuf Gott, der Herr, seine Welt, in der wir als seine Wesen leben dürfen, in gegenseitiger Auseinandersetzung.
Wenn Gut am Ende siegen muss, können wir als Denkmodell z. B. annehmen, dass ein menschliches Wesen zu z. B. einundfünfzig Prozent Gut und zu neunundvierzig Prozent Böse in sich angelegt ist. Dann immer der Einwand,

Gott sei auch zu der überdimensionalen Liebe sehr grausam, nach Ansicht der Menschen. Gehen wir aber davon aus, dass ein Wesen in der vorangegangenen Existenz, in der Ewigkeit, so schwerwiegend gegen Gott in Sünde gefallen ist, dass der Menschen Leid maßstäblich relativ klein ist im Vergleich zur Sünde in der Ewigkeit, bevor ein Wesen vom Vater, zur Züchtigung im Fleischkörper hier auf Erden, diese Schuld abbüßen muss, durch das Leben im Fleisch sowie dem vorbestimmten Ablauf, so wäre das Leben selbst schon das Ableben des für das jeweilige menschliche Wesen nach Gottes Ratschluss festgesetzten Erziehungsmaßes. In Anbetracht dessen, dass Gott uns wie einen Wurm zertreten hätte können, jedoch uns als Wiedergewinnung unseres Rechts zum Wiedereintritt in die Ewigkeit dieses Erdenleben auferlegte, kann das menschliche Wesen sich in Anfängen vorstellen, wie groß Gottes Liebe zu den Wesen seines Leibes ausfällt, kann der Mensch danken, dass die Abtragung der Sünde gegen Gott, den Weltherrscher, mit diesem Erdenleben vornehmlich in Liebe, Geborgenheit und Menschengemeinschaft erfolgen kann. Wenn wir menschliche Wesen in Bosheit dieses Leben erleben müssen, wenn wir dieses oder jenes Geschlecht im Fleisch tragen und alles, was wir erleben auf Erden im Fleisch, der Festlegung für das Erdenleben jedes sündigen Wesens entspricht, so ist denn auch die Erbsünde, dass der Mensch von Geburt auf Erden an schlecht sei, zu begreifen. Gleich wie der Herr uns führt, durch die Zeitspanne von Ewigkeit zu Ewigkeit, die wir auf Erden Leben nennen, entspricht alles dem Ratschluss für unsere Verfehlungen an Gott im Himmel in Ewigkeit vor diesem Erdenleben.

Gott scheint kein Idealist, denn Gottes Wesen ist in uns, seine Worte, sein Lachen, seine Liebe, sein Zorn. Er schuf den Menschen nach seinem Bild. Nicht nach dem Fleisch, denn Gott ist nicht im Fleisch, sondern im Geiste aller Wesen. Sein Heiliger Geist schenkt uns Worte, Gedanken, Einfälle, Wahrnehmung, diese Erde als Lebensraum, unser Äußeres, unser Inneres und das um uns herum. Alles, was es in der Welt gibt, ist Gott. Gott ist alles, was es gibt. Gott ist Schöpfer und Schöpfung, alles, was es gibt. Gott ist Herr des Alls, also alles. So sind wir Wesen, denn in ihm, woraus der Rückschluss gezogen werden müsste, Gott ist nicht fernab, regiert nicht außerhalb seiner Schöpfung, sondern er ist Schöpfer und Schöpfung, alles, was es gibt, im Himmel und auf Erden, wobei die Erde einen Teil des Himmels darstellt. Gott kann nicht Idealist sein.

10 Die Wahrhaftigkeit des Herrn

Die Glaubenslehre ist eine Lehre für die menschlichen Wesen auf Erden bis zum Sterben.
Wir Menschen würden unser Maß, unseren Anteil übertreten, wenn wir aus der Lehre für die Sünder im Fleisch auf der Erde auf des Herrn Himmel Schlüsse ziehen wollten. Die Toten sollen wir den Toten überlassen. Das gilt für alle Wesen, die vom Leben im Fleisch in die Existenz in Gott zur Ewigkeit übergegangen.
Aus den Gesetzen auf Erden, die Gott erlassen, um Sündern die Umkehr nahezubringen, können keine Schlüsse für eine Existenz in Ewigkeit hergeleitet werden, denn die Toten sollen wir den Toten überlassen. Wir dürfen uns Menschen nicht mit dem Leben nach dem Sterben beschäftigen, wenn wir Gehorsam, gemäß den für die Erde geltenden Gesetzen, üben wollen. Wenn Wesen im Fleisch Gott lieben, gilt das Gesetz so weit wie Menschen möglich. Die Wahrheit auf Erden ist eine Wahrheit von Heiden, von sündig gegen Gott gewordenen Wesen. Sünder, die wir alle Wesen im Fleisch, können sich nicht wahrhaft über Sünder stellen. Wir Brüder und im Geiste der Sohnschaft auch Schwestern auf der Erde im Fleischkörper sind alle in gleicher Weise gegen Gott schuldig geworden. So ist denn auf Erden kein Mensch einem anderen wahrhaft überlegen. So ist denn auf Erden kein Mensch wahrhaft Herr über einen anderen Menschen. So ist denn Gott einzig wahrer Schöpfer, der Wesen Herr, einziger Gott über alle Wesen. Menschen haben über entsprechende Mechanismen, vorstellbar wie Filter, nur zu den Dingen Zugang, im Guten wie im Bösen, die Gott, in der Art als Schöpfer der Wesen, einziger Gott, zulässt. Wir nennen die unterschiedlichen Ebenen der Wesenszüge Horizonte. Dieser Mensch hat einen größeren Horizont, sprich Zugang zum Erkennendürfen. So ist denn kein Wesen aus sich heraus, sondern aus dem Willen des Schöpfers Gott, aus seiner Gnade heraus existent. Gott lässt zu, Gott öffnet das Erkennendürfen und alles zu seiner Zeit.

11 Vergebung

Vergebung, der Vorgang nach dem Erkennendürfen, nach dem Einsehendürfen. Einsicht nehmen dürfen, geschenkte Sicht auf ein Detail, Erkennen durch geöffnete Sicht. Alles geschieht nach Gottes Plan für seine Schöpfung, nach Gottes Wille, der Steuerung, des Herrn Gott, seiner Schöpfungsvorgänge. Wir sagen, die Zeit vergeht. Wir können sagen, die Schöpfung schreitet voran, wobei Zeit für Gott keine Rolle in unserem Sinne haben dürfte, oder doch? Wenn alles nach Gottes Plan geschieht, so einschließlich wann ich wen wo treffe oder nicht. Die Gründe für verpasste Chancen im menschlichen Leben mögen vielschichtig sein, aber nur ein wahrer Grund existiert. Was geschieht oder nicht geschieht, entspricht dem Willen des alleinigen Schöpfers.
Vergebung. Meinem Bruder, meiner Schwester in Gott, im Glauben vergeben. Annehmen lernen, dass jedes Wesen auf Erden genau das ist, was Gott als Maß für das Leben auf Erden auferlegt, dass Gott zulässt, was nicht zugemessen.
Vergebung der Kinder Gottes auf Erden, demzufolge Schwestern und Brüder untereinander, hat zur Folge, dass Gott seine Geschöpfe nach seinem Maß berichtigen und richten kann. Vergebung der Wesen untereinander ist die Grundvoraussetzung, dass sein Wille, also Gottes Wille, geschehen kann. Vergebung also nicht, weil wir uns untereinander so gut leiden können, wobei leiden schon in sich einen Widerspruch beinhaltet. Vergebung, aus dem Erkennen, der Einsicht heraus, in dem höchstgradigen Vertrauen in Gott.
Gnade, Vergebung und Erlösung können nur von dem Schöpfer selbst ausgehen, das ist seiner Allmacht geschuldet.

12 Gemeindewesen

Die Gemeinde besteht aus einem engeren Kreis von aktiven Gliedern und einem weiteren Kreis von inaktiven Mitgliedern. Die Mitglieder im weiteren Kreis besuchen gelegentlich Veranstaltungen und Gottesdienste, sie nehmen sozusagen eine Gastrolle ein. Die Gemeindeglieder verrichten die kirchlichen Aufgaben, vorangestellt der gewählte Gemeindevertreter, der die Gemeinschaft nach außen vertreten darf, und zu seiner Vertretung aus den aktiven Gliedern, die gewählten Gemeindevertreter. Dies alles geschieht nach einem fest vorgeschriebenen Ablauf, den sich die jeweilige Kirche zum Bekenntnis setzt. Diese Bekenntnisse der Kirche regeln die Ziele, die Glaubensinhalte und die Umgangsregeln der Gemeinde.

Der Kleine Katechismus Doktor Martin Luthers (evangelisches Gesangbuch) beschreibt die Position der evangelischen Kirche in der Weltkirche.

Die aktiven Glieder kennen den Kleinen Katechismus Dr. Martin Luthers, die Kirchenlieder, das Neue Testament und zumeist das Alte Testament. Es gibt aber auch Glieder, welche sich dem Neuen Testament und der Erlösung durch Jesus vom Kreuz vorrangig zuwenden. Diese Menschen wollen überwiegend von Züchtigung und hartem Regieren im Alten Testament kein Gedankengut annehmen. Sie erleben in ihrem Erdenleben Not, Elend, Krankheit und müssen aufgrund der persönlichen Lebensumstände immer neu von dem eigenen Willen Abstand nehmen. Ihre persönlichen Vorhaben scheitern an dem Leben. Das führt zu Ängsten, Verhärtungen im Wesen und Verlust von Liebe. Wohingegen die Befürworter des Alten Testaments persönliche Belange, Not, Elend, Krankheit, durchlebt und in der Liebe Gottes überwinden durften.

So besteht die Gemeinde aus den aktiven Gliedern, die das Gruppenverhalten der Gemeinde prägen, und den Mitgliedern, die, warum auch immer, in einer gewissen äußeren Passivität zu dem engeren Kreis der Gruppe leben.

Die aktiven Glieder tragen die Gemeinde. Wie aber ein Mensch im Rahmen einer Gruppe Anerkennung findet, bis dieser zu einem aktiven, gewählten Glied wird, das bleibt ein Geheimnis des Herrn Gott.

Die Mitglieder, zur Gemeinde gehörig, aber in einem entspannten Verhältnis zur Gruppe, erringen durch eine gewisse Distanz eine andere Sicht auf das Gruppenverhalten im Zentrum der Gemeinde. Für ein Mitglied entsteht von daher ein großer Freiraum. Der Herr Gott kann mit diesen Gliedern den Glauben uneingeschränkt entwickeln, die Menschen für eine gewisse Zeit vereinzeln, um mit diesen, von der Herde abgekommenen Schafen, in besonderer Weise Züchtigung durchzuführen, zum Wohle des Einzelwesens. Die Zeit der Prüfung an der Gruppe Gemeinde erscheint als Prüfung der Glieder in Aufgabe und Pflicht genauso wie als Prüfung der abgekommenen Schafe zu seiner Zeit.

So hat denn alles im Leben eines Menschen einen höheren Sinn, denn nur der Herr Gott selbst kennt seinen Plan für die gesamte Schöpfung.

Die evangelische Gemeinde erscheint in der Regel als aufgeschlossene, intelligente Gemeinschaft, die menschlich miteinander Umgangsformen pflegt.

Es besteht eine sehr große Eigenständigkeit der Einzelwesen in der Gemeinde. Das Gedankengut unterliegt der persönlichen Auffassungsgabe und ist nur vereinzelt den Zwängen der Gruppe unterlegen. Daraus ergibt sich ein großer Freiraum innerhalb der Gemeinde. Jede Persönlichkeit im Rahmen der Mitglieder ist selbstverantwortlich für ihre Entwicklung, bis hin zu Gottes Liebe herrschen überwiegend innere Entwicklung und innere Zwänge im Rahmen der inneren Pilgerschaft vor. Das bedeutet aber auch, der Prüfer kann ungehindert wirken. Für seelische Belastungen des Einzelnen steht die Seelsorge des Pfarrers bereit. Ein Pfarrer für tausende Mitglieder. Das bedeutet, der Pfarrer kann in schwierigen Lebenslagen und zu besonderen Anlässen in Anspruch genommen werden. Im engen Kreis der Glieder besteht überwiegend gegenseitige Sorge und ein christliches Miteinander, sodass diese die Gruppe als persönlichen Halt, in Gott, annehmen. Mitglieder im weiteren Sinne sind überwiegend der Eigenverantwortung für ihr persönliches Leben freigestellt, was das Mitglied durch sein Leben im weiteren Gemeindekreis selbst sucht. Der Aufenthalt eines Wesens in der evangelischen Kirche, mit dem freigestellten Lebenswandel, ist also sogenannt »modern«, relativ schwach gebunden, aber im Gegensatz dazu sehr stark gefordert, sich, in Gott, selbstständig zu entwickeln. Es besteht die starke Herausforderung an den einzelnen Menschen, Lehre anzunehmen, Entwicklung anzunehmen, den anonymen, höchst persönlichen Glaubensweg auf sich zu nehmen und in der persönlichen inneren Pilgerschaft nicht allein, in der Gemeinde geborgen, aber doch nur vom Herrn Gott getragen, das Leben selbstständig zu bestehen. Das bedeutet, hier sind starke Charaktere zu Hause, die Gott, den Schöpfer und einzigen Herrn, einlassen, nach harten Auseinandersetzungen im Wesen und dann in Liebe zu Gott ein geregeltes, gemäßigtes Leben führen dürfen. Das Maß eines evangelischen Christen ist äußerlich anonym und im Gegensatz dazu innerlich sehr persönlich mit dem liebenden Herrn Gott. Die Gemeinde ist streng reglementiert, lässt aber Mitgliedern sehr weiten Raum, für die Arbeit Gottes, des Herrn, mit jedem Einzelwesen. So gesehen würde ich die evangelische Kirche als »moderne« Glaubensrichtung bezeichnen.

Menschen, die enge Bindung, große Nähe und praktischen Halt in einer Gemeinschaft suchen, werden sich zudem in eine andere engere Gemeinschaft flüchten, wo das Regelwerk, so eng wie ein Korsett, haltlose Menschen stützt. Die Entwicklung der Einzelpersönlichkeit in diesem eng abgesteckten Raum führt jedoch zu einer Gesinnung in Abhängigkeit von anderen menschlichen Wesen, womit Gott nicht mehr der einzige Herr über diesen Menschen ist und somit der Glaube von Gott als direktem Vater zu dem direkten Wesen Mensch-Kind abweicht.

Leider herrschen in diesen Gemeinschaften entweder fast ausschließlich Liebe oder ausschließlich Härte. Beide Extreme schaden dem menschlichen Wesen.

Alles, was in der Welt ist, ist Gott. Daraus folgend muss jeder Mensch die Balance zwischen Gut und Böse lernen. Ein Mensch muss annehmen, was Gott in die Schöpfung gegeben hat, die Augen öffnen, hören, Wahrhaftigkeit annehmen. Gott annehmen heißt, seine Schöpfung annehmen mit allem, was darin ist, sowohl Böse als auch Gut, sowohl Hass wie auch Liebe. Erst die Summe der einzelnen Schöpfungselemente lässt die Schöpfung erkennbar werden. Der Prüfer, das Böse, muss anerkannt werden, damit das Wesen davor Schutz im Guten suchen kann. Die Liebe, das Gute, muss anerkannt werden, weil die Liebe die Schöpfung bindet. Ohne Liebe würden keine zwei Wesen miteinander Umgang pflegen. Die Schöpfung ist aus den Fugen, wenn ein Wesen nur einen Teil anerkennt und einen anderen Teil ausblendet. So ist denn der Glaube allein nach dem Neuen Testament vergebens, wenn all die wunderbaren Werke des Alten Testaments ausgeblendet werden. Erst das Alte Testament des ursprünglichen Jüdischen Glaubens, in Zusammenhang mit dem Neuen Testament, führt zu dem allheiligen Schöpfer eines Gesamtwerkes Schöpfung. Gott kann nicht aufgeteilt werden in Glaubensrichtungen. So Gott, der wahrhaftige einzige Herr der ganzen Schöpfung, für unser menschliches Verständnis verschiedene Weltreligionen schuf, so doch nur, weil wir Menschen jeder durch ganz unterschiedliche Denkweisen angezogen werden. Gott ist all seine vielfältige Schöpfung und wir sind in ihm. Aber gleich einem Sohn, dessen Vater erst vor seinen Augen Anerkennung findet, wenn der Vater im Fleisch auf Erden gestorben ist, gleich einer Mutter, die erst nach ihrem Sterben durch die Tochter erkannt wird, so müssen wir Wesen, Kinder Gottes,

den lebendigen Gott jetzt hier und an diesem Tag zu dieser Zeit erkennen. Das geschieht im gegenseitigen Miteinander in der Gemeinde, in der Gemeinschaft der Familie, in der Anerkennung des Herrn Gott als erste Liebe und wesentliche Beziehung zu jedem einzelnen Wesen. Im Wort Gemeinde kommt das Wort gemein vor. So müssen wir denn immer bedacht darauf leben, dass wir wegen der Erbsünde aus dem Himmel in das Leben, im Fleisch auf die Erde, kamen. Gerade und besonders deshalb ist die Anerkennung von Gott, die Anerkennung seiner Schöpfung, für uns auf Erden und somit die Anerkennung von Gut, Böse, Liebe, Hass, Prüfung, Gnade und Vergebung unumgänglich. Wir wissen, dass wir Sünder sind. Die Nichtanerkennung der Sünde in der Schöpfung sowie im eigenen Selbst beinhaltet die Nichtanerkennung der Schöpfung Gottes. Erst wenn wir in der Gemeinde alle Seiten der Schöpfung ohne Berührungsängste ausgewogen erörtern, akzeptieren und für unser eigenes Verhalten bewusst abwählen, kann die Gemeinde zu einer Gemeinschaft heranwachsen, wo alle Mitglieder sich als Glieder wiederfinden.
Bisher heißt dieser Ort Himmelreich. Weiter dürfen wir an dieser Stelle nicht denken, denn die Toten müssen wir den Toten überlassen.
Aber hier ist Erde. Wir müssen in der Gemeinschaft dazu übergehen, dass wir über übernatürliche Erscheinungen, über Mystik, über Nahtoderfahrung, über Lichterscheinungen, über Gottes innere persönliche Führung, den Umstand, dass der liebende, gute Gott, mit uns lebt, wie das engste Familienmitglied, ja dass der Herr Gott das Familienoberhaupt darstellt, reden dürfen. Ein Gemeindemitglied kann alles, was in der Bibel beschrieben ist, am eigenen Leibe erleben. Es gibt alles, was in der Schöpfung ist, und alles ist Gott. Also müssen wir in der Gemeinschaft darüber reden, und zwar derart, dass wir Gut und Böse unterscheiden lernen, damit wir den rechten Glauben annehmen und nicht den Mittelweg für den rechten Weg halten.
Die Berührungsängste in der Gemeinde sind das Schlimmste. Die Ausblendung ungewollter Erlebnisse. Die Abschaltung von Böse und alles ist gut musste ich am eigenen Leibe lernen und das hätte bei einem angemessenen Umgang rechtzeitig gelernt werden können. Eine allumfassende Schöpfung, welche Himmel und Erde und alles, was darinnen ist, umschließt, ein allmächtiger Schöpfer und wir sperren uns in Gruppenzwang, Gruppendynamik ein. Reden unentwegt vom Neuen Testament und schlagen zu Hause die Frau. Unsere Kinder wachsen mit einem einseitigen Weltbild auf und vernachlässigen die andere Seite des Schöpfers. Gott ist Liebe, aber er sendet genauso den Prüfer. Sehen wir uns an. Eine scheinheilige Gemeinschaft. Was sagen wir

einander von allen Gedanken, die in uns wohnen. Wir lächeln uns an und spielen heile Welt, aber es sieht nach Krieg aus. Krieg zwischen Gut und Böse. Gott lieben mit allem, was mein Wesen ist, das heißt annehmen, dass seine Schöpfung alles einschließt. Verständnis durch Selbstüberwindung erlangen, warum die Welt, die Gott geschaffen hat, so ist, wie sie ist. Warum ich so bin, wie ich bin. Warum ich gut sein will und doch alles in mir trage. Wie ein jeder Mensch mit Blicken, Worten, Gesten, Tun und Denken das Böse in sich trägt und transportiert zum nächsten Wesen. Wie mit einem Pingpongball, der, einmal geworfen, unentwegt von einem zum anderen Menschen überspringt, wird das Böse, Hass, Wut, Zorn, Schadenfreude, Eifersucht, Rechthaberei und alle unterschwelligen abgeschwächten Formen von Böse transportiert. Was tun Menschen einander an Bösem an und vermeinen, Gutes zu tun. Wir sollen sehen lernen und das fängt in der Gemeinde an. Hier können Familien Kaffee kochen, aber sie können auch ihre familiären Umgangsprobleme aussprechen, einander Rat schenken, einander zur Rechenschaft stellen. Das erlebt kein Christ in einer evangelischen Gemeinde. Hier wird allein das Schöne, das Zarte, die Liebe sehen gewollt und das Dunkle, das Gewaltige, der Hass ausgeblendet. Also Gemeinschaft, was heißt das für eine Gemeinde? Gemeinsam etwas schaffen könnte ein Wesen meinen. Was wollen wir gemeinsam schaffen? Was?

Es gemeinsam schaffen, die Glaubensinhalte zu befördern, in uns einzupflanzen, wachsen zu sehen, fördern, kritisch anmahnen? Aber was sind die Glaubensinhalte? Aneignung einer Lehre, einer christlichen Philosophie als Wissens- und Intelligenztest?

Ich war mal in einer Partei, da durfte nur über die Lehre geredet werden, nicht aber über das alltägliche Erleben. Deshalb ging ein Staat zugrunde.

Also wenn Gemeinde erneuerbar sein will, was sie muss, denn der lebendige Gott lebt mit uns, in uns, dann muss Gemeinde sich mit Leben, Lebensgewohnheiten, Lebensumständen, Glaubensgewohnheiten und wahrem Glauben, Liebe von Gott anfordern und Gott die erste Liebe schenken, befassen. Dann muss Gemeinde kein Haus von Freuden allein darstellen nach außen, wo es zwischen den Menschen, wie überall, gemein zugeht.

Wahrhaftigkeit ist Gott, der einzig reine Schöpfer.

So muss denn auch Gemeinde Unreinheit aufdecken, und zwar nicht den Splitter aus dem Bruder, der Schwester neben mir, sondern auch den Balken aus mir selbst aufdecken. So müsste denn Gemeinschaft heißen, ich kann uneingeschränkt sagen, was mit mir passiert, außen wie innen, und die Glieder fallen nicht über mich her, sondern tragen in Liebe mit, indem sie Verständnis in Liebe entwickeln. Ich weiß, wo ich vorrangig Sünde lebe, und ich nehme an, das ist für mich das Maß. Gott weiß, wo ich Sünde lebe und dass ich nicht stark genug bin, die Liebe abzuwählen, was auch nicht dem Schöpfungsgedanken entspricht. Problematisch ist, dass ich zum Schweigen verurteilt bin in der Gemeinschaft von Saubermännern, Sauberfrauen, und wir alle wissen, dass dieses System von verdeckten Mängeln nur durch Betriebsblindheit geschieht. Also Glieder, Mitglieder einer Kette und jeder stirbt emotional für sich allein. Was hält diese Kette? Nichts, was Menschen beeinflussen könnten, weil Gott hält, führt, liebt.

In der Zuweisung von Schuld und Sünde sowie in der eigenen sauberen Position ist keine Zukunft von Sündern unter Sündern. Sicher gibt es Bereiche, wo jeder lieber vor Gott tritt mit seiner Scham. Aber es fühlen sich Menschen in der Gemeinde unanfechtbar gerecht und sauber, was andere Mitglieder, Glieder und mit Sicherheit, vermute ich, auch den Pfarrer abschreckt, zur Wahrheit überzugehen.

Wahrhaftigkeit ist Gott.

Die Wahrheit der Heiden-Sünder, eine Miniatur von Wahrhaftigkeit nur, jedoch für Sünder schon schwer genug annehmbar.

Wie sind wir Gemeindeglieder, nackt, unanständig, schmutzig, in Wut, in Hass.

Ich saß im Gottesdienst und ich konnte Gott hier nicht fühlen, der sonst immer in mir spürbar. Ich musste herausgehen aus der Gemeinde, um Gott nahe sein zu dürfen.

Was ist das, keine Hoffnung in einer Gemeinde an einem Totensonntag im Todesjahr meiner Mutter. Kein Glaube, kein Vertrauen auf die eigene Auferstehung, auf den liebenden Gott, auf den Weg Jesus Christus, dem wir folgen als Christen. Nehmt euer Kreuz auf euch und folgt mir nach. Kein ordentliches Kreuz in der Kirche, außer dem Ständer für die angezeigten Kirchenlieder.

Eine muntere, froh gesinnte Gemeinde in Kreise aufgegliedert. Wie lange braucht es, bis ein Gemeindemitglied in einen Kreis gebeten wird, der irgendwo zu Hause stattfindet. Bei mir zwei Jahre. Zwei Jahre Sonntagsgottesdienst, Veranstaltungen im Gemeindehaus, bis ich hätte Insider werden können. Gebetskreise mit Menschen mit geröteten Köpfen. Was ist das? Geh in dein Kämmerlein und bete zu Gott. Von Gruppengebet im Verborgenen keine Rede. Eigendynamik der Gruppe. Gemeindearbeit. Ein Pfarrer zum Anfassen,

besten Willens und auch dieser kann nichts richten gegen den Willen der Gruppe. Sein Wille geschehe. Wie denn, wenn eine Kirche voller Alphamenschen, jeder mit ausgeprägtem Willen, mitreden, mitregieren muss, in einer Gemeinde. Psychologie, die Lehre dessen, wie Gott uns innerlich aufgebaut, zusammengefügt hat, gibt es in der Kirche praktisch, zum Anschauen und Lernen für Menschen, die sehen dürfen und wollen. Kein Unterschied zum Arbeitsplatz. Was nun? Glaube, Liebe und die daraus erwachsende Hoffnung auf Gottes Weg für mich ganz persönlich. Mit allem Saatgut in mir, auch mit dem, womit ich geprüft, hart, sehr hart geprüft werde.
Am Arbeitsplatz verkaufe ich für Brot meine gute, liebenswerte Seite, aber in der Gemeinschaft der Gemeinde, die Gott liebt, was ist da? Nach der Arbeit haben wir etwas anderes nötig, als wieder unser sonniges Gemüt zur Schau zu stellen und über Bibelgeschichten von vor über zweitausend Jahren zu reden, und wie in der Partei damals darf hier nicht die Umsetzung der Geschichte ins Jetzt und Heute und ganz persönlich auf mich, meinen Nebenmann, die Frau mir gegenüber übertragen werden.
Es ist biblisch, sich in die Augen zu sehen und Probleme auszutragen. Das heißt nicht, innerlich daran eingehen. Am Ende von Veranstaltungen geben wir uns die Hand und sehen in unseren Augen Fragen, unausgesprochene Scham, wir haben einander nicht erkennen sollen, sondern über die Väter der Vorzeiten gelernt. Wenn Wesen zu Gott zurückkehren und im Laufe der Ewigkeit auch wieder zur Erziehung auf die Erde müssen, wem stehe ich dann hier gegenüber: Ruth, Esther, Kain, Noah, Daniel? Wir dürfen das nicht wissen. Aber wir sollen wissen, dass wir Wesen des Leibes Christus, also des Erlösers Gott sind, die ewiges Leben geschenkt bekamen. Also wäre Ruth heute neben mir ein menschliches Wesen oder all die anderen Menschen, die uns in der Bibel begegnen, allen können wir hier und jetzt begegnen. Das bedeutet für mich, ich muss mich heute hier intensivst mit meinem Bruder, meiner Schwester auseinandersetzen. Leider geschieht das in der Regel gedanklich und nur in der Liebe persönlich. Aber alles hat seinen Grund. Ich habe mit den Geschöpfen im Wesen zu tun, mit denen ich wohne, in der Gemeinde lebe, arbeite.
Auch in der Gemeinde ist jeder Schuldiger und wir haben einander zu vergeben. Unabhängig davon muss differenziert werden, was gutes und was böses Tun ist. Diese Vermischung von »alle Menschen sind nur gut« ist schon wieder schlecht, weil es die Erkennung des Bösen verhindert.
Wenn mein Bruder nur an der Spitze der Gemeindevertretung leben kann, wenn kein anderes Gemeindemitglied angesehene Dienste verrichten kann,

weil alteingesessene Glieder dieses zu ihrem eigenen Ruhm zu verhindern wissen, ist das die dunkle Seite der Macht. Wenn ein anderes Glied zu bequem ist, in der Gemeinde mitzuarbeiten, ist das ebenfalls die dunkle Seite der Macht. Aber was ist, wenn der gute Gott uns, gleich dem Ameisenvolk, organisiert? Warum lernen wir welchen Beruf? Aus sogenannter Berufung, aus Freude an genau dieser Sache?

Wir haben keine Zeit zum Zuhören, Fragen zu stellen, unsere Meinungen auszutauschen, voneinander zu lernen, im Guten wie im Bösen. Das ganz persönliche Erlebnis in der Familie. Diese Familie ist Glied der Gemeindekette, aber genauso jedes Wesen der Familie ist Glied der Gemeinde. Evangelischer Glaube macht vor der Wohnungstür halt. Einerseits empfinden wir Menschen diese Kirche als sehr wohltuend, einen geschützten persönlichen Bereich. Aber was ist mit den Gliedern der Gemeinde, die in der Familie keinen solchen Bereich finden und in der Gemeinschaft der Kirche auch nicht? In der Regel werden die Eltern gelobt, vor den Kindern, die ungezogen daherkommen. Das heißt aber auch, die Schweigepflicht der Eltern wird von ungezüchtigten oder zu viel gezüchtigten Kindern durchbrochen. Ein Mann der Gemeinde äußerte sich derart, dass hier ein ordentlicher Streit her müsste, wäre dieser Mann jetzt zu Hause. Er streitet sich gesund daheim, aber was machen seine Frau und seine Kinder damit? Sicher sind wir alle psychisch gesehen auf irgendeine oder mehrere Arten geschädigt. Gott sperrt uns in uns ein. So steht es in der Bibel. Jedoch kann Gemeinschaft bedeuten, einander zu helfen, im Erkennen des eigenen Istzustandes. Lehren uns nicht Teile des Alten Testamentes, was Toren sind, was gut, was böse ist. Das heißt, die Gemeinde mit all ihren Gliedern und Mitgliedern könnte nebeneinander, in der Umsetzung der Bibel in unser Leben, jetzt und hier, miteinander leben lernen. Kein Veranstaltungsort Kirche, keine Scheinheiligkeit den Menschen gegenüber, gegen die Abneigung besteht. Ehre, Ehrlichkeit. Ich mag dich nicht, weil ... können wir das austragen, was unsere Gemüter scheidet?

Hätte ich das, was Glaube und Bibel ermöglichen, an Potenzial, früher lernen dürfen, in der Gemeinschaft der Glaubenden, wäre ich Glied der Gemeinde, anstelle Mitglied, geworden. Hier sehe ich die Zukunft für die Kirche, die wir immer sagen miteinander, nicht übereinander reden, aber das geschieht wenig.

Gott, der Herr, will nicht definiert verstanden, nicht abstrahiert werden.
Gott braucht unsere Liebe.

Er schenkt seine Liebe in uns und bekommt nichts zurück. Wie fühlen wir uns in flüchtigen, oberflächlichen Begegnungen? Wie fühlen wir uns, wenn wir eingesudelt werden, von unseren menschlichen Umgangsformen?
Der Herr braucht seine Liebe aus liebenden Herzen zurück.
Feedback heißt das heute. Wir sehen ins Dunkel und es kommt nichts zurück, außer vielleicht Angst. Wir sehen in das natürliche Licht und das Licht löst in uns Freude, Liebe, Zärtlichkeit aus. Es kommt etwas zurück. In der Gemeindearbeit müssten wir einräumen, dass dieses keine Arbeit ist, solange wir nicht kirchliche Angestellte sind, die hier ihr tägliches Brot verdienen. Gemeindeleben sollte Freude bereiten, nicht mit der Schwere und Last von Arbeit gleichgesetzt werden. Die Vermischung von Kirche und Staat ist wie die Vermischung von Gemeindeleben mit Gemeindearbeit der Festangestellten. Bleibt noch zu erwähnen, dass die Mitglieder gar nicht ahnen, wie viel Gemeindeleben durch Bezahlung an die Glieder und Mitglieder am Leben gehalten wird. Ehre gebührt allein Gott. Ruhm ist allein des Herrn. Also ist es unehrenhaft, für die Gesinnung und das Umsetzen der Gesinnung in der Gemeindearbeit, Geld zu nehmen. Solange der Mensch zu essen und sein Auskommen hat, nimmt dieser Mensch kein Geld für Gefälligkeiten. Dazu sind Regeln des Umgangs gut, zu wissen, wo Schluss ist, mit dem Kassieren. Eine Aufgabe ehrenamtlich übernehmen, da denkt kein Mitglied an Bezahlung. Die Verwerfungen von Moral, wohl auch dunkle Macht in unseren Köpfen, füllt die Räume, in denen sich Wesen aufhalten. Gut und Böse angewandt leben lernen, das vermisse ich im Gemeindeleben. Jeder hat seinen eigenen Glauben. Eine Unmöglichkeit bei eintausendzweihundert Seiten Bibel mit allumfassenden Regeln und Gesetzen.
Die Freiheit im Glauben, im Rahmen der Evangelischen Kirche, ist sehr gut für Menschen, die ihr Wesen, in Gott, begreifen und Gott lieben lernen dürfen, nach seinem Ratschluss, noch hier auf Erden. Die Freiheit im Glauben ist äußerste Anfechtung. Dem Versucher stehen weit mehr Möglichkeiten im offenen, freien Raum zu. Bleibt aber festzuhalten, dass Glaubensrichtungen ohne die allumfassende Liebe, als wichtigstes Kennzeichen, dem Versucher von vornherein riesige Angriffsmöglichkeiten bieten.
So ist denn die Gemeinschaft im Glauben an die allumfassende Liebe, mit dem Entwicklungsraum, den diese Auffassung bietet, sehr viel besser einzustufen, als Härte und Unterdrückung von Wesen. Welchen Weg kann ein geliebtes Kind einschlagen, welchen Weg kann ein gequältes, in allem eingeschränktes Kind einschlagen? Von daher ist das Maß des Christlichen Glaubens in der

Evangelischen Kirche Deutschlands ein sehr mildes Maß, weltweit verglichen mit dem, was es auf der Erde gibt.

Die Gemeinschaft evangelischer Christen, in Anbetracht der Ehre und des Ruhmes des allmächtigen, heiligen Gottes, trägt ungeahnte Potenziale in sich, wenn von Dogmen abgewichen und allein die Lehre der Bibel die Grundlage für das Gemeindeleben bildet. Die Annahme des Alten und des Neuen Testaments gleichermaßen würde unsere Gemeinschaft im Sinne des allmächtigen, heiligen Gottes führen.

Die Bekehrung von Sündern durch Sünder, im Sinne einer Erweckungsbewegung, steht nicht im Vordergrund der Evangelischen Kirche.
Hierin unterscheidet diese gewachsene Kirche sich in ihrer Struktur von den Randgruppen und Sekten. Psychischer Druck gehört nicht zu den Umgangsformen der Kirche. Gott, der Herr, ist der Ausgang und der Eingang, in diese frei zu wählende, aber auch frei zu verlassende, Gemeinde.
Jesus hat nicht bekehrt durch Erweckungsbewegung, sondern durch sein Vorleben, durch das Verkündigen der Lehre und deren Inhalte, denn er lehrte für die Juden. Das heißt, die Menschen waren bereits Jüdischen Glaubens.
Es ging also darum, die Menschen im Glauben, zur Umkehr, und Liebe zu Gott, zu bewegen, nicht aber Heiden neu zu bekehren. Es geht darum, seine persönlichen Sünden vor Gott zu tragen, und in gegenseitiger Vergebung in der Gemeinschaft der Gläubigen zu leben, nicht aber darum, dass Sünder sich gegenseitig ausliefern, sondern einander annehmen mit ihren Sünden.
Der Ausschluss eines Mitgliedes aus der Gemeinde, dessen Sünde sichtbar geworden ist, dürfte nicht zu den Gewohnheiten einer auf gegenseitige Liebe bedachten Gemeinde gehören, in einer evangelischen Gemeinde ist dieses unüblich.
In christlichen Sekten und Randgruppen ist Ausschluss gebräuchlich, denn dort herrschen Hausordnungen.
Der Konfessionsstreit, wer den besseren Gott füreinander gewinnen möge, sollte ausbleiben, denn auf welchen Wegen auch immer sich menschliche Wesen dem Herrn und Schöpfer Gott nähern, hängt allein von Gottes Wille ab. Von welcher Seite und auf welchen Wegen ein Fels bestiegen werden soll, entscheidet Gott, der einzige Herr, mit der Geburt eines Menschen, in eine bestimmte Lebensumgebung, einschließlich und zuallererst der Religion, in die ein Mensch in der Regel geboren wird. Übertritt, von einer in eine andere

Religion, ist somit als Ausweichen vor Gottes Zugriff zu bewerten. Gleich welchen Weg die Glaubenden einschlagen, so muss er doch dem rechten Weg, mit all den Prüfungen im Leben des Einzelwesens, nach Gottes Plan, entsprechen.
In welcher Religion Gott diesen Weg vorherbestimmt hat, das sehen wir in der Geburt in eine bestimmte kulturelle Welt. Die Kultur des Evangelischen, Christlichen Glaubens basiert auf den Werten Deutschlands und Europas zur damaligen Zeit. Wollen wir evangelische Christen Glauben leben, müssen wir uns über das Deutschland des zwanzigsten Jahrhunderts hinweg entwickeln, zu den Werten Untertänigkeit, Zuverlässigkeit zurückkehren und Gott durch ein Leben in diesen Werten Ehre erweisen. Gott untertänig dienen, also Hingabe des eigenen Selbst an den Gott, der Himmel und Erde gemacht hat und dessen Eigentum wir, im Wesen und im Fleisch, sind.
Wir müssen uns auch fragen, warum der einzig wahre Gott der Juden auch unser Gott ist, der die Deutschen diese Wege geführt hat. Wollte Gott die Deutschen in ihrer Arroganz und Überheblichkeit brechen, damit sie ihm erneut demütig zu Füßen liegen? Über den Teil von Gottes Wille bezüglich des Jüdischen Glaubens möchte ich nichts äußern, denn das ist Lebensaufgabe der Juden, Gottes Willen auf ihr Leben bezogen herauszufinden. Wenn aber alle Gläubigen die Erbsünde so vollkommen annehmen, wie es der Ratschluss des Herrn verlangt, hört die gegenseitige Bezichtigung auf. Die Erde und das, was darauf und darinnen geschieht, ist, wie es ist, weil es Gottes Wille ist. Wir Wesen haben den Willen Gottes geschehen zu lassen und verstehen zu lernen, was der Wille, des Herrn, der Himmel und Erde gemacht hat, uns auferlegt. Wir haben Gott zu huldigen, gleich wie er, der Herr, über alles und in allem entscheidet, zum Wohle seiner Schöpfung.
Die biblische Geschichte begann damit, dass das jüdische Volk morden musste, um sich einen Lebensraum in Israel zu schaffen.
Die amerikanische Geschichte begann damit, dass ein Volk gemordet wurde, damit etwas Neues, ein neues Volk entstehen konnte.
So haben alle Dinge den tiefen Sinn eines Schöpfers in Ewigkeit.
Eine Evangelische, Christliche Gemeinde Deutschlands muss sich also der Führung Gottes zuwenden und die Vergangenheit bei Gott abgeben. „Frei, frisch, evangelisch!“ Dieser schöne Spruch kann nur Frucht tragen, wenn die Vergangenheit bewältigt wird. So wie ein einzelner Mensch sich bekehren muss, zu Gottes Wille und umkehren, so muss auch die Evangelische Kirche Gottes Wille verarbeiten lernen und umkehren. Die Verhaftung in Altem,

Vergangenem, das Schlechte, mit in diese Zeit getragene Gewissen, ist nicht vom guten Gott und im Licht, denn dieses Verharren im Alten lähmt die guten Kräfte, diese Kirche dorthin zu führen, wo Liebe und Licht, eine so freie und doch strenge Kirche, von Gott hingeführt werden kann, nach der Bekehrung und der Umkehr. Was folgt nach der Bekehrung und wohin kehren wir um? Diese Frage, die der Weg eines Christen aufwirft, kann in dieser Kirche nicht beantwortet werden, weil die Rückbesinnung auf Christus und die ursprüngliche Lehre des Jüdischen Glaubens nicht konsequent gegangen werden will. Gott holt die verlorenen Schafe zurück. Das heißt, begreifen, wo wir herkommen, nämlich vom jüdischen Ursprung.
Anstelle der Schuldzuweisung muss hier eine Veränderung stattfinden, und zwar so, dass wir in dem einen Herrn, unseren Gott, unsere gemeinsame Lebensgrundlage sehen.

13 Verweigerung des Bösen

Ich habe als menschliches Wesen nichts zu verlieren, als ganz allein den Herrn Gott.
Die Frage ist nur, auf welchen Wegen die Nähe zum Herrn und Schöpfer, dem allmächtigen, einzigen Gott, im Guten erreichbar ist. Die Wege des Herrn, uns gänzlich unverständlich in unserem Bestreben, mit Wissen alles erreichen zu können, alles auf Erden beherrschen zu können, womit wir beim Thema angekommen sind.
Ich habe nichts zu verlieren, als allein den guten Gott.
Nehmen wir an, Gut und Böse wären Schwingungen des Schöpfungsvorganges, zwei gegenseitige Ausschläge einer Amplitude, dann wäre alles ein Ganzes und eins ohne das andere nicht existent auf Erden.
Nehmen wir an, die Schöpfung ist ein Gesamtes, Ganzes, ganz allein der Schöpfer. Dann gäbe es keine halbe Schöpfung nur aus dem Schwingungsausschlag Gut. Wie wir aus der Physik wissen, ist die Summe beider Schwingungen eine stetige, lineare, schwingungslose Linie. Das heißt, in der Schöpfung wäre nichts los. Wir säßen in einem verschlossenen Raum, hätten keinen Kontakt, weder Glück noch Leid und würden gewissermaßen nicht Leben am eigenen Leib, am eigenen Geist spüren. Also müsste hier etwas geschehen, was Bewegung in diese Sache hineinträgt. Diese Bewegung bezeichnen wir als Leben auf der Erde. Wenn der Schöpfer und Herr, unser Gott, in Balance ist, dann gibt es von allem alles in Ausgewogenheit. Das bedeutet, die gesamte Schöpfung ist in ausgewogenem Zustand. Der Schöpfer ist in ausgewogenem Zustand. Innerhalb der Schöpfung könnten die Kräfte Gut – Böse also an dem einen Ort mehr oder weniger vorherrschen und das gesamte Gefüge bliebe in Balance.
Sähe also ein gedachtes, vorgestelltes Wesen, das es nicht geben kann, aber einmal angenommen, von außen auf die gesamte Schöpfung und alles, was darinnen ist, dann sähe die Schöpfung Gut und Böse zu gleich aus, also es gäbe sozusagen weder Gut noch Böse, was letztlich heißen würde, es gäbe nichts.
Da Gott aber nicht Nichts ist, gibt es da etwas, nämlich die Schöpfung. Da Nichts aus Nichts entstehen kann, bleibt der Vorgang der Schöpfung ein Geheimnis des einzigen Schöpfers, unseres Herrn Gott.
Aber wenn es schon einmal einen Schöpfer und eine Schöpfung gibt, so ist denn der Schöpfer allein mächtig über alles, was es in der Schöpfung gibt, also

allmächtig, das schließt das All ein. Gott ist der König, so steht es im Alten Testament. So ist denn das erste Böse, wenn wir einen anderen als Gott, den Herrn, selbst als Gott bezeichnen. Das zweite Böse wäre, einen anderen als den Gott, der allein im Himmelreich König ist, anzubeten.
Aussagen, die auf der Erde gemacht werden, zu Herrschern auf Erden, haben keine Wahrhaftigkeit im Himmel. Im Himmel, also in Gottes Reich, gilt die Allmacht Gottes, was aus menschlichem Verständnis heraus bedeuten würde, es gäbe im Himmel keine Gesetze den Menschengesetzen gleich, weil Gott Allmacht ausübt.
Gleich wie, die Herrscher auf Erden werden zur Vertretung Gottes auf Erden eingesetzt, für dieses Leben unter Sündern zur gegenseitigen Züchtigung, und zwar der herrschende Mensch als Prüfung seiner selbst in der Macht wie der untergebene Mensch als Prüfung seiner selbst in der Hingabe zur Obrigkeit. Wobei der Untergeordnete auf Erden, in der Vorbereitung auf die Allmacht im Himmel, die besseren Voraussetzungen in diesem Leben lernt. Aber wir wissen nicht, es sei denn wir wären selbst Herrscher aus Gottes Berufung, also wir wissen nicht, wie ein herrschender Mensch von Gott belehrt, gezüchtigt, gedemütigt, erniedrigt, und zu guter Letzt, wie diesem Wesen Vergebung zuteil wird.
Das Böse besteht nun zum einen im Ungehorsam gegen die Obrigkeit, aber Ungehorsam ist aus unserem Rechtsempfinden anhand unserer Gesetze nicht, wenn ein Menschenwesen sich dem Unrecht verweigert. Also muss da mit dem Ungehorsam etwas Besonderes bestehen und so ist es dann wohl auch.
Gehorsam gegenüber den guten Kräften im Stress des Überlebenskampfes auf Erden. Wobei der Stress Prüfungsdruck entsprechen kann. In der Ausnahmesituation, aufs Äußerste angespannt, unter hohem Druck, geschieht also die Prüfung der tiefsten Anlagen des Wesens. Hier, wo das Wesen vergisst, »das Gesicht zu wahren«, weil es in einer Ausnahmesituation geprüft wird. Alle bösen Erscheinungsformen, die in derartigen Lebenssituationen vorkommen können, sind den Menschen bestens bekannt.
Das Böse ist laut, mit List und Hinterhalt, bis hin zu körperlicher Gewalt, aber auch schon mit dem Tonfall wird das Böse herübergebracht, selbst wenn scheinheilige Worte dazu geliefert werden. So denn auch mit den Worten, die List und Hinterhalt verdeutlichen, mit dem Augenkontakt, der das Böse transportiert, mit dem Körpereinsatz, der das Böse in sich trägt, und sei es nur vollkommene Sturheit, die keine Versöhnung ankündigt, sondern Fronten festigt. So kann denn aber auch eine dieser menschlichen Reaktionen schon

und bereits durch die dunkle Macht ausgelöst daherkommen, diese, die Wesen wiederum befällt und dann bereits wieder Prüfung des Wesens darstellen kann.
Wenn wir also frühzeitig, unserer zu guten Schule geschuldet, als Deutsche nicht mehr auf Reize von außen reagieren, so bleibt das, was Leben auch sein kann, uns vorenthalten, ja, Prüfung kann nicht geschehen in aktiver Art und Weise, durch Schreien, Schlagen, also überreagieren des Wesens. Damit aber alle Wesen gleichermaßen geprüft vor Gott zurückkehren können zu Gottes Himmelstor, gibt es noch viele andere Prüfungen. So beschreibt die Bibel, wie Gott den Menschen im inneren Gefängnis hält, bis dieser Lehre annimmt. Das bedeutet wiederum, ein hilflos wirkender Mensch, der im Wesen gleich viel bekam, wie ein Terrorist, verharrt in Inaktivität, also innerem Gefängnis und wird durch innere Not, psychosomatische Erkrankungen geprüft. Sinn und Zweck aller Prüfungen besteht darin, dass der allmächtige Schöpfer seine Schöpfung und seine Geschöpfe, bis auf die in der Schöpfung eingesetzten Kräfte, prüft.
Gott gibt alles. Der Schöpfer, der seine Schöpfung ist, gibt alles, gibt sich hin mit allem, was in ihm ist. Also kann der Herr über alles Sein auch alle seine Geschöpfe prüfen, bis auf die Stufe der äußersten Belastungsfähigkeit. Gott prüft nicht auf Zerbrechen, das sichert der Herr uns über die Worte der Bibel zu, auch wenn es uns Menschen im Angesicht des Lebens, des Grauens und des Sterbens anders vorkommen kann.
Er schöpft ein Geschöpf, erfindet, und prüft dieses Geschöpf Wesen auf Zuverlässigkeit und Liebe zu seinem eigenen Wohle. Ungerechtigkeit, könnten wir Menschen sagen, würden wir nicht auch mit unseren Erfindungen gleicher Art umgehen. Wir erfinden ein Fahrrad und testen und ändern so lange, bis alle Funktionen vollkommen eingestellt sind. Wir züchten Pflanzen, Tiere und prüfen in langwierigen Tests Medikamente an Tieren.
Was davon bei unseren Prüfungen im Guten oder im Bösen vorgeht, wissen wir, die wir überwiegend gut, und tun das Böse.
Anders bei Gott. Er prüft alle Schöpfung zum Guten hin. Egal, wie weh, was Menschenwesen tut, egal, wie viele Niedergänge Menschen erleiden, am Ende muss das Gute im Menschen siegen, selbst wenn ein Schwerverbrecher geprüft wird, in hochgradig böser Art, muss trotzdem das Gute siegen. Was wir nicht wissen, ist, wie Gott uns in einem Leben, im Fleisch, mehrere Abschnitte mit sehr umfangreichen Veränderungen beschert. Das bedeutet, Gott prüft nicht nur, sondern er ändert auch Leben, im Leben im Fleisch. Hier sind wir wieder

an einer Stelle, wo Vergebung so wesentlich ist, nämlich, dass ein geänderter Mensch auch diese Änderung ausleben kann.
Wenn Wesen geschöpft sind, dann ist alles Wesen in uns geschöpft. Nehmen wir an, das Gute und das Böse sind nicht Teil des Wesens, sondern werden in die Wesen gefüllt während des Lebens auf Erden, nach Gottes heiligem Plan. Dann würde genauso dem absolut schlimmsten, menschlichen Wesen vergeben werden, wie dem harmlos wirkenden. Wie viel Böses aber in den oberflächlich vermeintlich guten Menschen enthalten ist, wissen wir nicht.
Im Himmel gibt es Gottes Wesen in einer Form ohne Geschlecht zur Fortpflanzung, wie auf Erden. Das kann bedeuten, alle Wesen im Himmel, wie Gott der Herr, wären männlichen Wesens und allein die Liebe stellte die weibliche Form der Schöpfung.
Ist es nicht verwunderlich, wie die weiblichen und männlichen Eigenschaften in einem menschlichen Wesen vermischt erscheinen. Es könnte aber doch auch sein, ein Mensch bekam ein männliches Wesen und durch die Hormone im Wachstum, zuzüglich des Anteils an Liebe im Wesen, nennen wir diesen weiblich. Weiblich könnte sich also ganz allein durch den Anteil der Liebe im Wesen und der Hormone zum Wachsen ergeben. So wäre verständlich, dass weibliche menschliche Wesen weniger gewaltbereit scheinen, solange nicht die männliche Struktur überwiegt und nur das weibliche Geschlecht das Äußere des menschlichen Wesens bestimmt. So wird denn eine weibliche Person im Alter bestimmt und fest in ihrem Ganzen, wohingegen die männliche Person dazu neigt, weicher und friedfertiger zu erscheinen.
Gehen wir davon aus, das Männliche allein stellt den Nährboden für Gewalt und das Weibliche erreicht durch die Liebe die Entfaltung im Menschen. Gehen wir davon aus, das Wesen bleibt davon unberührt, so ist denn das Wesen heilig, weil Gott heilig ist, vollkommen davon abgetrennt, was ins menschliche Wesen hineinkommt. Gott gibt den Eingang und den Ausgang. Möglich, dass sich dieses auch auf alles, was in Geschöpfe zur Prüfung hineingefüllt wird, bezieht. So gesehen ist denn Frau im menschlichen Körper eine Zwangssteigerung in diesem Leben. Die Gewalt wird in ihr ausgelebt und gegen sich selbst angewendet, weil sie nicht die Voraussetzungen mitbekommen hat, diese Kräfte nach außen vorzubringen und abzureagieren. Je mehr männliche Anteile also, je weniger Liebe, desto mehr kann also auch das weibliche Wesen Aggression und Gewalt ausüben. Dann wäre Gewalt eine Disharmonie der Kraft.
Gott hat allen menschlichen Wesen zugesagt, dass alle gleich viel von ihm bekommen. Das würde bedeuten, in uns allen ist Gleiches enthalten. Gehen

wir zu den Schwingungen zurück, so könnte es bedeuten, jeder Mensch schwingt anders. Möglicherweise hängt das gegenseitige Verstehen vom Schwingen des Wesens ab.
Dann wäre der Lebensweg ein Weg, auf dem Wesen in irgendeiner Form lernen müssen, mit Gott zu schwingen. Resonanz in den Sinnen müsste dann jedoch durch Gott hergestellt werden, zu seiner Zeit. Wir wären dann nach einem Bilde eines Schwingungsmusters beschaffen. Gott könnte also, durch die Änderung des Schwingungsmusters, Harmonie oder Disharmonie im Wesen herstellen. Das würde heißen, ein Wesen hat sich weder geändert noch bewährt aus eigenem Tun. Das bedeutete, wir Menschen könnten uns weder besser noch schlechter machen, als wir von Gott eingefüllt bekommen, nach dem Maß zu unserer Bewährung auf Erden.
Das bedeutet Demut. Hingabe.
Absolutes Vertrauen in den Herrn der Schöpfung, in den strafenden und den liebenden, einzigen Herrn und Schöpfer, Gott.
Disharmonie zwischen Intelligenz und Liebe in jedem Menschen, hier auf Erden, könnte so, als ein Grund der Strafe Gottes, sehr naheliegend sein. Das wäre ein Ansatzpunkt, alle unsere Wertmaßstäbe neu zu setzen. Der Gebrauch von Intelligenz und Liebe zu gleichen Anteilen, aus tiefster Seele heraufgesehnt, könnte die disharmonierenden Schwingungen mit der Vergebung und Gnade Gottes, des alleinigen Herrn, bewirken, wäre dann für jedes Wesen die Erlösung.
Mit der Entdeckung der Strings wären die Menschen dann nah an der technischen Lösung, nicht aber der geistigen Lösung. Mit der Technisierung der Menschheit arbeitet die Menschheit dann dem Bösen zu, weil Liebe, Gefühle, Emotionen immer mehr in den Hintergrund geraten. Das legt nahe, dass wir in der biblischen Endzeit sind, auf eine ganz andere Art, als wir uns intellektuell zurechtlegen können.
Allein in Wiedergewinnung von Werten, die uns über menschliche Werte vermittelt werden sollen, läge dann der Schlüssel, Gott gefällig zu werden und Gnade und Vergebung zu erlangen. Härte, sei böse, Liebe, sei gut, und nur der Mittelweg, in einem jeden einzelnen Wesen, birgt die Lösung für die gesamte Schöpfung, was dann auch erklärt, warum der Schöpfer sich um jedes einzelne geschöpfte Wesen derart intensiv bemüht.
Wir sind in Ihm. Wir sind Christi Leib.
Wir müssen uns verbessern, und zwar in einem Maß Ausgewogenheit, zwischen Gut, Liebe, Harmonie und Böse, Kraft, Kampf.

Ich, die ich mich schwach und hilflos fühle, bin also ein Versager, weil ich meine Kraft nicht nutze, mich dem Bösen zu verweigern, und nicht für das Gute kämpfe. Du, der Starke, selbstbewusste, bist also Versager, weil du deine Liebe nicht nutzt, dich dem Guten verweigerst und nicht für Harmonie in der Schöpfung kämpfst. Wir haben alles Gut in uns zu nutzen und alles in ehrenwerter, Gott, dem Herrn, hingebungsvoller Weise aufzubieten gegen den Bruder im Bösen, die Schwester im Guten, die beide die gottgeschenkten Potenziale nicht der Schöpfung zugänglich machen, sondern im Kampf im Innern des Wesens schon unterliegen und somit Gott diese Kraft entziehen, weil wir uns nicht freimachen von dem Bösen in uns, was uns bequem, inaktiv und faul sein lässt, allen Ablenkungen des Lebens hingegeben, die der Prüfer als Versuchung aufbietet.

Alles, was mit Spiel zu tun hat und nicht dem Erkenntniszugewinn dient, ist vom Bösen, weil es die Zeit raubt, uns zu entwickeln, unser Selbst zu entwickeln, unsere Potenziale zu erkennen und Gott dienstbar zu machen. Der Krieg im Inneren des menschlichen Wesens, zwischen Gut und Böse und in bequemer Lebenshaltung, ist weit umfangreicher, als die offen ausgetragenen Kriege. Der Kampf Gut gegen Böse ist vom Bösen, weil dieser Kampf das Gute blockt und vom guten Werk abhält. In Wahrheit gibt es keine freie Zeit, wo ein menschliches Wesen von Gottes Führung freigestellt wäre. Alles ist Lehrzeit für die Aufgabe, die ein jedes menschliche Wesen als Lebensweg mitbekommen hat, zur Prüfung auf Erden. Enthält sich ein Wesen diesen Aufgaben, so sendet der Prüfer Krankheit, Leid, Schmach, Gram, Armut, wobei, angekommen in Armut und Krankheit, schon wieder Aussicht auf Einsehen in das Wesentliche besteht, dass hier Umkehr vonnöten ist.

Die Armen und Kranken kommen ins Himmelreich, weil sie Gott anflehen aus tiefster Seele und sich dadurch vollkommen hingeben.

Wir haben die Pflicht vor dem Herrn Gott, alles zur Verfügung zu stellen im Kampf gegen das Böse, was an Gutem in uns ist und schläft.

Wach auf, aktiviere alle deine Kräfte und werde ein freier Mensch und diene als freier Mensch dem einzigen Herrn, unserem liebenden Herrn und Schöpfer, Gott.

Das heißt, ein Bruder inaktiviert sich selbst, im Kampf im Inneren und geht damit Gott als Potenzial gegen das Böse verloren, weil er sich der Partnerschaft unterordnet, weil er krank ist vom Unterordnen in der Beziehung zu einem anderen Menschen.

Auf diese Art gewinnt der offene Freiheitskampf für das Gute einen ganz neuen Stellenwert, denn an dieser Stelle wird von Menschen alle Kraft für das Gute mobilgemacht und hervorgebracht.
Der Umstand, dass viele innerlich zurückschrecken vor dem Bösen in eines jeden Innern, verursacht, dass so viele Menschen die innere Not nicht überwinden können. Aber der Mensch muss nur einmal durch das finstere Tal als Beweis für Gott, dass wir dem Bösen widerstehen können. Der Untertan Mensch muss dem Schöpfer den Beweis erbringen, dass er Treue zum Herrn üben will, in allen Lagen der Existenz.

Sterbehilfe darf nicht den Umwandlungsvorgang Gottes unterbrechen. Das bedeutet, beim Prozess des Sterbens nimmt Gott die Schwingungen des Stoffes des Lebens im Körper zurück, fährt auf null sozusagen, entnimmt dann den Stoff des Lebens an sich – und der Prozess der Auferstehung wäre das Einfügen dieses Teils Schöpfungsmasse in Gottes himmlische Schöpfung am dritten Tage.
Das würde heißen, die Auferstehung ist der Wiederbeginn der Schwingungen der Schöpfungsmasse, nach dem Schwingungsverhalten des himmlischen Reiches, sofern die Schöpfungsmasse eine Qualität erreicht, durch irdisches Leben, die den Ansprüchen Gottes für die himmlische Schöpfungsqualität entsprechen würde. Das hieße wiederum, bei nicht erreichter Schöpfungsqualität für den Himmel gäbe es Neuverwendung der Schöpfungsmasse auf Erden, in einem Wesen gleich welcher Art und Weise. Wobei wir dann wieder beim Thema absolut wären. Absolutes Vertrauen, Hingabe, Opferung für Gottes Schöpfungswerk und Schöpfungsvorgänge, keine Angst vorm Verlassen eines Schöpfungszustandes in den anderen, was wohl mit dem Satz ›der Mensch starb mit einem Lächeln entspannt und in gewisser Weise schön‹ ausgedrückt werden kann. So gesehen darf kein Mensch allein sterben, ohne im Kreis der Liebenden verabschiedet zu werden, wodurch dieses Wesen in innere Ruhe kommt und den Stillstand der Schwingungen gelassen annehmen, geschehen lassen kann. So ist denn unser soziales Netz vonnöten für die humane Gesellschaft auf der Erde. Da wir anhand eines Gleichnisses wissen, dass unser Vater und unser Bruder bereits den verlorenen Sohn (sowie im Sinne der Sohnschaft die verlorene Tochter) erwarten, können wir in tiefem Glauben und Vertrauen darauf hoffen, dass wir im Himmelreich in Liebe Eingang finden. Möchten wir jedoch in Unabhängigkeit von Menschen unsere letzte Zeit verleben und haben wir keine emotionalen

Bindungen auf dieser Erde, dann wäre es erwartungsgemäß nicht entspannt vor dem Übergang in den anderen Seinszustand, dann wäre Sterben nur noch vollkommen entspannt für die Wesen, die vollkommen auf den Herrn vertrauten.
Solche Wesen, in der Ablehnung des Zugriffs Gottes auf ihr Wesen, wären dann aber auch im Sterbevorgang in einem Anspannungszustand der Angst. So gesehen sind Patientenverfügungen über den Tod Ausdruck der Angst vor dem Sterbevorgang. Der Mensch will hier seinen Willen bis in den Tod geschehen lassen, Gottes Wille kann nicht geschehen, was heißen wird, Sterben ohne Erlösung. So ist denn das Tragen der menschlichen Widerspenstigkeit, besser als Ungehorsam bezeichnet, bis in den Prozess des Sterbens, das ein Mensch verfügt durch einen Vertrag auf Erden über den Tod, der dem Menschen nicht mehr gehört, sondern Gott zur Erlösung des Wesens in das Himmelreich.
Das Geschehen des eigenen Willens ist hier vom Bösen und kein Beweis Gott, dem Herrn und Schöpfer, von Hingabe und Vertrauen, in den einzigen Vater auf dem Planeten Erde, diesem winzig kleinen irdischen Land, dessen Heil der Heiland auf Erden überwacht, aber das in Gottes Schöpfung besteht und über das Gott selbst herrscht, von Ewigkeit zu Ewigkeit. Aufgrund der Beschaffenheit von Wesen muss Gott voller Geheimnisse und absoluter Herrschaft regieren. Sofern Gott, der Schöpfer, von seiner Schöpfung an ein Einzelwesen im sündigen, heidnischen Zustand auf Erden miniaturmäßig wenig übergibt, kennen wir die Auswirkungen auf Erden.
Der Anteil des Bösen im menschlichen Zustand lässt jeden Menschen mit einer übergebenen, miniaturmäßig geringen Gabe übertreten. Ein Mensch hat Reichtum, Geld und übertritt, indem dieser die daraus entstehende Macht nutzt. Ein Mensch mit einer gering untergebenen, noch geringeren Gabe übertritt im Verhalten gegen seine Brüdern auf Erden und seinen Nächsten im Wesen, den Herrn und Schöpfer, Gott.
So gut Menschen Demut auf sich nehmen können, so bleiben sie doch nicht hinter ihrem Ich zurück. Ein Mensch kann nicht hinter sein Ich treten.
Ich habe Gesetze gemacht, damit es Sünde gibt, damit ich Wesen allein züchtigen kann. Diese Gesetze sind so angelegt, dass kein Weg ohne Sünde auf Erden verlaufen darf, denn in der Sünde, die gewiss ein Mensch auf ein dem Leben angemessenes geringes Maß mit seinem Verhalten verringern muss und soll, aber nicht in dem Gedankengut, ein Mensch könne rein werden, getragen, sondern ein Wesen muss Geist und Liebe leben, im zuge-

führten Schöpfungsmaß. In dem Glauben an Gott ist ein Wesen bemüht Gesetze einzuhalten, was in der Liebe durch Gott, gemäß der Schöpfungsvereinbarung des Ratschlusses vor der Erdenzeit, nach dem Schöpfungsmaß, Beeinflussung findet.

Anstehen nach Leben ist Verweigerung der Schöpfungsvorgänge im Menschen. Anstehen nach Leben vermehrt das innere Gefängnis. Kein Wesen kann anders tun, als nach dem zugeführten Schöpfungsmaß und in der Auseinandersetzung mit dem zugefügten Maß Lehre annehmen, von Gott, dem Schöpfer der Geschöpfe. Wenn ein Mensch im Verlauf seines Lebens in allem, was das Leben beinhaltet, Lehre annehmen darf, dann kann ein Wesen die menschlichen, zugefügten, maßgefertigten Anlagen überwinden. Wenn ein Mensch Lehre annehmen kann, von Gott, dem Schöpfer, dann kann dieser Mensch, in der Überwindung der eigenen Schöpfung, Gott in seinem Wesen annehmen, in Liebe. Dazu gehört Erkenntnis, die Gott über die Glaubenslehre bereitstellt; denen, die Gott nahe sind, im Bekehren, kann Gott vermitteln, Einsicht zu bekommen. Im zugefügten Schöpfungsmaß, in dem Glauben an Gott, ist ein Wesen bemüht, Gesetze einzuhalten. Was in der Liebe durch Gott, gemäß der Schöpfungsvereinbarung, menschliche Züge annimmt. Ohne Liebe dürfen alle Wesen Mustermänner, Musterfrauen abgeben. Das Weibliche, die Liebe, sowie die Gaben im zugeführten Schöpfungsmaß machen die Geschöpfe zu Einzelwesen, im zugefügten Maß für dieses Leben. Das wird heißen, im Himmel sind alle Wesen gleich Gott. Der Heilige Geist ist allein Gott. Das bedeutet, individuelle Unterschiede der Wesen gibt es nicht. Ungehorsam im Himmel, der zu einem Leben im Fleisch auf Erden führt, bleibt uns somit ein Wunder in der Heiligkeit des Schöpfers und Herrn Gott. Warum, was, wie bleibt Gottes Geheimnis, im Glauben allein liegt die Wahrhaftigkeit Gottes für seine Wesen, seines Leibes, zu dem jeder einzelne Mensch gehört.

Das ganze Hin und Her mit Individualität, das bunte Treiben auf Erden dient allein der Wiedereingliederung in den himmlischen Seinsbereich, also der Glaube bleibt Gottes Geheimnis, was ein Wesen an Glaube, an Liebe nötig hat, für die Rückbesinnung zu Gott, dem Herrn aller Schöpfung, aller Wesen, aller Seinsformen. Energieumwandlung kennen wir aus der Physik. Wir dürfen Gott zutrauen, dass allein Gott, der Herrscher über alle Formen des Lebens, Wandlung vollziehen wird sowie in einem Wesen seines Leibes den Wandel beschließt, nach seinem wesentlichen Plan. So wäre denn Wandlung allumfassend anzusehen, im Sein, im folgenden Sein, im Empfinden,

in allen nur Gott betrauten Schöpfungsvorgängen, in jeder Art und Weise, in der Unreinheit von Wesen, im Leben auf Erden, im Weg durch die angewendete sichtbare Sünde, zum Reinigen des Wesens in Gott.
Der Unreinheit entgeht kein Wesen, denn mit dem Essen, dem Trinken, der Atemluft, aller Lebensumgebung, ist Unreinheit verbunden. Alle Ausscheidungen, das Fleisch, einschließlich Krankheit, alles ist im Schöpfungsmaß darauf ausgerichtet, dass kein menschliches Wesen rein sei. Was wiederum nicht heißen darf, dass ein Mensch nicht auf Reinheit im Handeln, Denken, Tun und im Umfeld des Lebens bedacht sein muss. Das Bemühen im Umfeld um Reinheit dient der Erkenntnis der eigenen Unreinheit. All unser ungenügendes Verhalten, alles Verhalten, alles ist Schöpfungsmaß und darauf ausgerichtet, menschliche Wesen auf das Sein im himmlischen Reich Gottes vorzubereiten. Erst die Bemühungen des Wesens um Reinheit im Denken, Fühlen und Wollen ermöglichen, die alten Strukturen aufzubrechen und Aktivität im Leben auf Erden herzustellen. Erst die Bemühungen im Denken, Fühlen, Reifen zu erleben, durch angewendetes Leben, führen zu dem Willen, der ausreift, Gott dem Schöpfer den eigenen Willen in Hingabe auszuliefern und Gottes Wille anzunehmen.
Erst das Geschehen von Gottes Wille im Leben eines menschlichen Wesens erfüllt das Ziel des Schöpfungsmaßes derart, dass der Schöpfer die Geschöpfe umwandelt, auf den Lebensweg hinführt, wo Gottes Wille geschehen kann, in Wesen. Erst die Bemühungen im Denken und Fühlen um Reinheit, nach den Geboten der Glaubenslehre, führten Wesen hin zu Gott, dem Vater, in Liebe Führung anzunehmen und Gott Folge zu leisten, in innerer Hingabe. Unabhängig von äußerem Ansehen, nur auf das Schöpfungsmaß ausgerichtet. Somit bleibt verborgen in Gott, welchen Anteil ein menschliches Wesen an seiner Umkehr, im Leben auf Erden, im Fleisch, wahrhaftig beibringen darf, was in keiner Weise dazu führen darf, keine eigenen Bemühungen anzustreben, denn die angenommenen Mühen beinhalten auch Gottes Wille. Das heißt, alles Leben voller Mühe auf uns nehmen, alle geführten Rollen voller Bemühen anzustreben und in diesem Durcheinander von Lebenswille, Gottes Wille langsam, ganz, behütet Folge leisten lernen.
Die Bibel nennt uns Kriterien für Böse, die dunkle Seite der Macht, und für das, was ein Tor ist, ausgiebig. Nicht aber über die Reinheits- und Essenvorschriften hinaus, in korrekter Weise, die Kriterien für den Willen Gottes. Das bleibt das Geheimnis des Glaubens an den alleinigen Schöpfer, Gott. Nicht einmal ein Mensch, der Gottes Wohlwollen erreicht, weiß warum und

wofür; denn er, Gott, reicht die Hand, wofür auch immer, nicht aber der wohlwollende Mensch.

Warum also einer zarte Blume oder Distel darstellt und was in jedem Menschen an komplexen Vorgängen nach dem Schöpfungsmaß geschieht, ist Gottes Wille allein. Er entwickelt, fügt, trennt Spreu von Weizen, lässt das Saatkorn aufgehen, in der Seele in wunderbarer Weise verborgen, der alleinige Gott, der nach dem Schöpfungsmaß einschenkt in jedes Geschöpf, entwickelt, fügt, trennt Spreu von Weizen, vollkommen, und zwar Volk muss kommen, in der Seele, in wunderbarer Weise verborgen, zum Allheiligen, Schöpfer und in diesem Sinne Vater und Mutter aller Wesen, unserem Heiligen, Herrn Gott.

Das heißt, erst wenn die Härte aus dem Glauben in Liebe zu Gott Wandel bezieht und der Glaubenskampf zur Hinwendung zu Gottes Allmächtigkeit Reise in unsere Wesen trägt, kann Wahrhaftigkeit in unsere Herzen einziehen.

Das bedeutet, eine Kirche, die sich der Konfrontation in Gewalt, politischer Auseinandersetzung und Krieg gedanklich verschreibt und gegen Gottes Wille eine Bitte im Gebet vorbringt, anstelle jedes einzelne Glied der Kette die Erlösung vor Gott anstrebt. Eine Kirche, in der so gesehen Härte im Glauben vorherrscht und Unverstand der Allmacht Gottes, verstocktes Denken, Gedankengut und Liebe zum Wandel so nicht beziehen kann, aus der Verstocktheit des Verweigerns, des Bösen, muss führen lernen, in Umkehr und Hingabe zum alleinigen Schöpfer Gott.

Liebe im Glauben, kein Kampf, böse Gewalt im Kampf um Kirchenämter, kein Kampf, böse Gewalt, um das Leben an der Spitze, kein Haschen nach Ansehen vor den Menschen.

Getragen und geborgen in Gottes Führung und Liebe, der Sache des Herrn dienend, eine Kirche, zum Gehorsam gegen Gott, in der Liebe des einen allmächtigen Gottes zu führen. Diese Kirche hat das Potenzial und das freiheitliche Wissen, um die Verantwortung des Einzelnen für seine Seele. Diese Kirche ist in der »modernen« Welt in der besonderen Situation, freiheitliches Wissen und die Verantwortung des Einzelnen für sein eigenes Leben bestehen zu lassen und in ehrenwerter Form die Wesen Gottes frei zu lassen, für die Arbeit des Schöpfers an seinen Wesen im Verborgenen. Allein, fehlt die Liebe im Glauben, dem verborgenen Gott alles Sein auf Erden zu überantworten, fehlt die Liebe, für jeden Einzelnen, für sein Leben, Gott in allem Bestehen sehen zu mögen. Die Verweigerung des Bösen verzerrt die Weltsicht dieser freien, wissenden Wesen um die Führung Gottes vollkommen, in allen Schöpfungsvorgängen, wozu Volk kommen muss, zu Gott, in der Seele, nicht nur in den Gottesdienst, freiheitliches Wissen, um die Verantwortung des Einzelnen, mit der Hinwendung und Liebe allein und ausschließlich zu Gott, dem alleinigen Herrn jedes Einzelnen für dessen Seele, anzunehmen. Diese Kirche ist »modern«, in der besten Situation freiheitliches Wissen und die Verantwortung des einzelnen Menschen zu vereinbaren, auf dem Weg zur Hingabe jedes einzelnen Gliedes, im Dienst an Gott, nach Gottes Wille, nach Gottes Plan. Das Böse, die dunklen Mächte müssen korrekt erkannt, benannt und in der Auseinandersetzung mit dem Guten, Leben nach Gottes Plan verwirklichen. Nur wer das Böse erkennt in allen einzelnen Formen, kann wahr werden an der Bewältigung dieser Auseinandersetzung, im Inneren der Seele des Menschen. Das moderne Gut ›Jesus Christus Liebe im Glauben‹ ermöglicht den Aufschluss der schöpferischen Vorgänge, in diesem Leben, den Aufbruch der Lähmung der Glieder, im Inneren, und in dieser Auseinandersetzung der Seele jedes Menschen, der Aufschluss des modernen Gutes, Jesus Christus Liebe im Glauben, die Jesus anwenden musste, gegen das Böse.

Lebenskampf im Inneren des Menschen. Gleichmaß von Geist und Liebe, im Angesicht der dunklen Seite der Macht. Liebe im Glauben, Hingabe, Umkehr und eine Kirche führen in Bekehrung auf den Weg zurück, zu dem einen gemeinsamen Gott, als Kampf des Lebens auf Erden, gegen das Böse, in allen Dingen. Christus Liebe zu beweisen, das Kreuz auf sich nehmen und unter dieser wissenden Kraft, Christus Liebe beweisen. Alle Glieder mitnehmen auf diesem Weg, dass auch kein Schaf verloren gehe in einer lebendigen Gemeinde, mit dem einzigen Ziel, jedes einzigartige menschliche Wesen Gottes Liebe, Zuwendung, Belehrung und Umkehr zuzuführen. Das Kreuz des Bösen auf sich nehmen und Jesus Christus nachfolgen auf dem schweren Weg, der ein geprüftes Leben sein soll.

Wir, alle menschlichen Wesen auf Erden, haben nichts zu verlieren als den Herrn und Schöpfer, unseren liebenden Gott.

14 Bekehrung von Sündern durch Sünder

Wir haben ein wunderbares Märchen und dieses Märchen heißt »Der gestiefelte Kater« und der Kater hat die Aufgabe zu verkünden, es ist alles des einen Gottes, die Felder, die Tiere, die Menschen, die Häuser, alles, was in der Luft ist, im Wasser und unter der Erde, alles, der Himmel und die Erde.
Wir sind alle Sünder eines gemeinsamen, einzigen Herrn und Schöpfers, Gott, zur Züchtigung und folgenden Bekehrung auf Erden, damit wir umkehren dürfen und wieder zu unserem einzigen Herrn Gott zurückkehren, in die ewige Zeit des Himmels und der Erde, die ein Teil des Alls ist. Wir alle sind in ihm. Wir alle sind Sünder, welche den Himmel nach Gottes Ratschluss verlassen mussten. Wir alle dürfen uns auf der Erde, nach den uns unbekannten Gesetzen des allmächtigen Schöpfers, für seine gesamte Schöpfung bewähren. Kein menschliches Wesen darf wissen, welches die wahrhaftigen, himmlischen Gesetze, sondern Gott hat für das Leben auf Erden Gesetze für ein Leben in Sünde gemacht. Wir müssen auf Erden annehmen lernen die Erbsünde und dass alle menschlichen Wesen diese Sünde annehmen müssen. Das bedeutet annehmen, dass wir gegen unseren heiligen Schöpfer Gott in Schuld stehen. Für diesen Werdegang steht das Gesetz des Herrn für die Erde zur Wegweisung, aber niemand kann durch die Einhaltung der Gesetze allein Erlösung finden. Dieser Weg der Erkenntnis durch das finstere Tal, also durch all die Formen von Gut und Böse auf der Erde, muss zur Einsicht unserer Schuld in Ewigkeit und der vollkommenen Hingabe zu dem einzigen Herrn Gott führen. Nachdem menschliche Wesen mit allem, was sie sind, dem Schöpfer wieder zur Verfügung stehen wollen, was wir vollkommene Hingabe nennen, kann der Herr Gott in seiner Allmächtigkeit ein Wesen bekehren, was heißt, die Sinne öffnen für das Wesentliche, was wir mit dem Wort Bekehrung bezeichnen. Danach führt Gott unser Leben, indem wir die Führung bewusst wahrnehmen, ja unter Umständen die von Gott allein verfügten Wahrnehmungen annehmen müssen, die uns zum Werkzeug Gottes machen. Die Vater-Kind-Beziehung besteht allein von Gott zu dem Kind. Das sogenannte Band des Lebens besteht über den Heiligen Geist.
So ist denn eine Bekehrung von Sündern durch Sünder im Guten nicht möglich. Lediglich die Glaubenslehre wird durch Lehrer an Suchende vermittelt und die Lehrer dürfen den Suchenden auf dem Weg der eigenen Kenntnissuche behilflich sein.
Gott bekehrt allein seine Kinder in Liebe zum Guten.

Unendlicher liebender Gott,
wie viel Ufer Du in deiner Wesen Not,

ich bitte um Vergebung
und danke
für mein täglich Brot.

„Kommt Zeit Kommt Gott"
soll die Freude neuer alter Denkansätze anregen und neue berechtigte Bedürfnisse aufzeigen, die für einen in Gottes Liebe stehenden Menschen in der heutigen modernen Zeit aufkommen, wenn Gott in uns kommt.
Die Auseinandersetzung mit den Themen, Moses Zehn Gebote, Reinheits- und Essensvorschriften, innere Pilgerschaft, Auferstehung, eingehen in die Ewigkeit, Bekehrung und Umkehr, Gott kommt in uns, prüft uns in der geistigen Wüste, bringt das Saatkorn zum Aufgehen, schneidet uns analog dem Weinstock vor dem Fruchtansatz zurück und bringt in unserer Seele die Frucht zur Reife in diesem Leben, zu welcher Glaubenslehre gehöre ich, der Gott, der die Welt schuf, Sekte, abweichender Glaube, ist das Christentum eine Philosophie, die Wahrhaftigkeit des Herrn, Funktion der Vergebung, Gemeindewesen, Verweigerung des Bösen, Bekehrung von Sündern durch Sünder, überdenke ich in diesem spannenden Buch. Mein Herr und Gott, ein erlöstes Wesen dankt Dir.

Passions-Verlag
Ich danke Gott für seine Zustimmung zur Gründung unseres Verlages im Jahr 2004. Wir haben diesen Verlag als Familienverlag gegründet, um unserer gemeinsamen Leidenschaft nachzukommen.

Veröffentlichungen

Resonanzen Band 1, Oktober 2006

Christiana
Wurde 1953 auf einer kleinen Insel in der Schorfheide geboren. Republikflucht Vater im Sommer 53. Verbrachte ihre Kindheit und Jugend in Templin, Christenlehre in der vierten Klasse abgebrochen. Ab 71 Lehre, Internatsunterbringung, Eintritt SED. 74 Lehrabschluss Baufacharbeiter mit Abitur, Eheschließung, Geburt erster Sohn. Arbeitete 75-76 als techn. Zeichnerin / Messgehilfin in der Melioration. Mai 76 Operation, Sept. 76 Studienbeginn, Internatsunterbringung als Familie mit Kind. Jan. 78 Fehlgeburt, Mai Schwester gestorben. 80 Studienabschluss Bauingenieur, erste eigene Wohnung in Berlin-Mitte. 81 vorübergehende Trennung, Fehlgeburt mit Nahtoderfahrung, Wohnungswechsel nach Berlin-Marzahn. 82 Austritt SED. 83 Wohnortwechsel. 84 Geburt zweiter Sohn. 85 Glaubenserfahrung, Wiedereintritt ev. Kirche. 87 Scheidung. 89 Trennung. 91 Trennung. 97 Einzug Mutter in gemeinsame Wohnung. 01 Auszug erster Sohn. 03 Mutter ab August bettlägerig, Weihnachten Wahrheit über Vater erfahren. 04 Mutter zu Hause verstorben, danach Lebensaufarbeitung, Trennung, Verlagsgründung. 05 Auszug zweiter Sohn, 06 Scheidung, erste Veröffentlichung.